RAINER LACHMANN

Grundsymbole
christlichen Glaubens

Eine Annäherung

Bamberg, d. 5. Juni 1992

VANDENHOECK & RUPRECHT
IN GÖTTINGEN

Biblisch-theologische Schwerpunkte

BAND 7

Die Deutsche Bibliothek – CIP- Einheitsaufnahme

Lachmann, Rainer:
Grundsymbole christlichen Glaubens; eine Annäherung /
Rainer Lachmann. – Göttingen: Vandenhoeck und Ruprecht,
1992
(Biblisch-theologische Schwerpunkte; Bd. 7)
ISBN 3-525-61288-5
NE: GT

Umschlagabbildung:
Der Schöpfer, auf der Erde thronend, heftet
die Sonne an das Firmament mit seinen
sieben Sphären.
Mosaik, Dom von Monreale (Sizilien),
2. Hälfte 12. Jh., Scala, Florenz K 14584

Umschlag: Michael Rechl, Wanfried
© 1992 Vandenhoeck & Ruprecht, Göttingen
Printed in Germany. – Das Werk einschließlich aller seiner Teile
ist urheberrechtlich geschützt. Jede Verwertung außerhalb
der engen Grenzen des Urheberrechtsgesetzes ist ohne
Zustimmung des Verlages unzulässig und strafbar.
Das gilt insbesondere für Vervielfältigungen, Übersetzungen,
Mikroverfilmung und die Einspeicherung und Verarbeitung
in elektronischen Systemen.
Gesetzt aus Sabon
Satz: Dörlemann-Satz, Lemförde
Bindearbeit: Hubert & Co., Göttingen

Vorwort

Was sind die für das Christentum elementar wichtigen Glaubensinhalte? Worin besteht ihre Lebensrelevanz? Wie lassen sie sich heute angemessen erschließen und vermitteln? Das sind Grundfragen, wie sie sich für jeden, der am christlichen Glauben ernsthaft interessiert ist, und ganz besonders für jene, die ihn religionsunterrichtlich weitervermitteln sollen, ständig stellen. Entsprechend müßten und sollten das auch zentrale Fragen für alle Bereiche religiöser Bildung und Ausbildung sein. Schaut man sich freilich den einschlägigen Büchermarkt an, so stellt man alsbald fest, daß in dieser spezifischen Hinsicht wenig an Literatur zu finden ist. Das ist indes nicht verwunderlich, bedenkt man, welch anspruchsvolle theologische Aufgabe sich mit den gestellten Grundfragen verbindet. Nicht mehr und nicht weniger ist hier verlangt als eine elementare Theologie, welche den gegenwärtigen systematisch-theologischen Befund und Ertrag in didaktischer Verwendungsabsicht „kurz und bündig" aufgearbeitet hätte. Wer kann das schon, wer traut sich das zu? Welcher Fachdidaktiker? Welcher Systematiker stellt sich dieser Aufgabe einer „Didaktisierung" seiner Theologie? Und doch müßte das in der religionsunterrichtlich-fachdidaktischen Lehrerbildung unabdingbar geleistet werden und da besonders dringlich für jene angehenden Religionslehrer, die mit einem Minimum an „Theologiestudium" zur Erteilung von Religionsunterricht befähigt werden sollen.

Das vorliegende Büchlein ist aus einer derartigen Anforderungssituation erwachsen: Es entstand aus der Arbeit mit Lehramtsstudenten, denen via „Kurzstudium" Elementaria christlichen Gottesglaubens unter religionsdidaktischem Aspekt vermittelt werden sollten. Die in diesem Zusammenhang ebenso wichtige wie schwierige Frage nach einer begründeten Auswahl solcher Elementarinhalte wurde durch Anschluß an traditionell bewährte Glaubenssymbole entschieden, die als elementare Wahr-Zeichen des Christentums jeweils biblisch-theologisch erarbeitet, lebensförderlich bewahrheitet und religionspädagogisch bedacht werden. Dabei wurde Wert auf die Einbeziehung von im guten und gediegenen Sinne populärer und greifbarer theologischer Literatur gelegt, wohingegen die Auseinandersetzung mit der im strengen Sinne wissenschaftlichen Systematischen Theologie zurückstehen mußte. Insofern erhebt das vorliegende Bändchen in dieser Beziehung keine überzogenen Ansprüche. Es bietet sich seinen Lesern – vor allem den angehenden und praktizierenden Religionslehrerinnen und -lehrern aller Art – als theologisch und pädagogisch verantwortete kleine Schrift an, die ohne alllzu große Anforderungen an Zeit und Vorkenntnisse gelesen, verstanden und „gebraucht" werden kann.

Theologisch inhaltlich werden dabei nach einem Kapitel über „Möglichkeiten und Grenzen des Redens von Gott" (2. Kap.) die bekannten Symbole christlicher Glaubenslehre Schöpfung (3. Kap.), Sünde/Erbsünde (4. Kap.), Rechtfertigung und Vollendung (5. Kap.) sowie – sozusagen epilogisch – die Trinität (6. Kap.) behandelt und über erfahrungsmäßige Zugänge je dem persönlichen Verständnis wie den religionsunterrichtlichen Erfordernissen erschlossen. Gleichsam als religionspädagogische Grundlegung vorangestellt gibt das 1. Kap. Rechenschaft über die religionspädagogischen Vorstellungen, von denen die systematisch-theologischen Überlegungen, was Auswahl, Interesse und Art ihrer Darstellung anlangt, maßgeblich geleitet sind. Für ein gewinnbringendes Lesen und Studieren des Bandes ist es nicht unbedingt erforderlich, mit diesem religionspädagogisch anspruchsvolleren Anfangskapitel zu beginnen. Möglich wäre auch ein Einstieg über die Ausführungen zum Reden von Gott oder zu einem der Glaubenssymbole, um sich erst danach in einem zweiten Schritt der religionspädagogischen Grundlagen zu vergewissern. Das hätte zweifelsohne den Vorteil, daß der Leser mit dem Eindruck inhaltlicher Konkretion der religionsunterrichtlichen Programmatik des ersten Kapitels aufgeschlossener und verständnisvoller begegnen könnte. Im übrigen sollen sich – unabhängig vom je gewählten Lektüreweg – religionsdidaktische Grundlagenerörterung und Reflexion der Glaubensinhalte wechselseitig ergänzen und erhellen, was notwendigerweise auch kritische Anfragen untereinander bedingt. Dabei erinnert gerade das religionspädagogische Eingangskapitel unabweisbar daran, daß es sich bei vorliegendem Buch um eine

durch und durch didaktische Arbeit für einen voraussetzungsmä-
ßig relativ klar definierten Benutzerkreis handelt und nicht primär um eine Abhandlung im Wissenschaftsbereich Systemati-
scher Theologie. Daran will es gemessen werden.

Gelänge es in diesem Sinne, mit dem vorliegenden opusculum
erste Ansätze einer religionsdidaktisch begründeten elementar-
theologischen Grundbildung zu vermitteln, die in einem theologisch korrekt, existentiell relevant und religionsunterrichtlich
anregend ist, dann hätte es in theologischer wie didaktischer
Hinsicht seinen Zweck erreicht.

Bamberg, im März 1992   *Rainer Lachmann*

Inhalt

Vorwort   5

I. Religionspädagogische Grundlagen   11
   1. Zielperspektiven   11
   2. Lernbereiche und -inhalte   13
   3. Vermittlungswege und -weisen   18

II. Möglichkeiten und Grenzen des Redens von Gott . .   27
    1. Gibt es Gott?   27
    2. Von Gott in Bildern reden   32
    3. Verifikationen des Gottesglaubens   37
    4. Gotteserfahrungen und -vorstellungen
       in der Kindheit   45
    5. Verantwortliches Reden von Gott im
       Religionsunterricht   52

III. Gott, der Schöpfer – verdankte Existenz   57
     1. Die biblischen Schöpfungsberichte   58
     2. Verifikationsversuche des Schöpfungsglaubens . .   63
     3. Unterrichtsentwurf zum Thema
        „Bekenntnis zu Gott als Schöpfer"   67

IV. Gottes Wille – verantwortliche und verfehlte
    Existenz   71
    1. Gottes Wille   71
    2. Die Sünde des Menschen   74
    3. Sünde und Erbsünde als pädagogische und
       religionspädagogische Problemstellung   79

V. Gott in Christus – gerechtfertigte und hoffende
   Existenz 87

   1. „Rechtfertigungs"-Zitate 87
   2. Der gnädige Gott in Jesus Christus 89
   3. Der Mensch – das auf Anerkennung
      angewiesene Wesen 94
   4. Gottes Liebe – Hoffnung über den Tod hinaus .. 99
   5. Didaktische Folgerungen 100

VI. Religionsdidaktischer Epilog:
    Der trinitarische Gott 107

    Literatur 115

I. Religionspädagogische Grundlagen

Daß Existenz- und Glaubensfragen oder vice versa Glaubens- und Existenzfragen im Religionsunterricht der Schule thematisiert werden, scheint eine didaktische Selbstverständlichkeit. Wo sonst, wenn nicht im Religionsunterricht, sollte man sich in der Schule mit ihnen beschäftigen? Schwieriger wird es schon, wenn wir danach fragen, welche Ziele wir denn mit ihrer religionsunterrichtlichen Behandlung verfolgen wollen, um welche Inhalte und Fragen es dabei eigentlich geht und wie man sie den Schülern nahebringen und vermitteln soll. Um hier möglichst klar zu sehen, bedarf es vorgängig einiger religionspädagogisch grundlegender Überlegungen.

1. Zielperspektiven

Wie alle religionspädagogischen Handlungsfelder partizipiert nach seinen Möglichkeiten auch der schulische Religionsunterricht an der übergreifenden Aufgabenstellung der „Kommunikation des Evangeliums" (Ernst Lange). Vor aller schulisch bedingten Besonderheit des Religionsunterrichts sind mit ihr bestimmte Maßstäbe gesetzt, die bis in die religionsunterrichtlichen Konkretionen hinein relevant und wirksam sein wollen. Diese Maßstäbe sind einmal mit dem Begriff der *Kommunikation* gegeben. In bewußter Absetzung von Predigt oder Verkündigung ist der Kommunikationsvorgang prinzipiell dialogisch angelegt; er zielt durchgängig auf ein Verstehen und Verständigen, das Anteil gibt und beteiligt. Das verlangt von Kommunikation, soll sie gelingen, die ständige aufmerksame Offenheit und Aufgeschlossenheit für die am kommunikativen Prozeß Beteiligten, ihre Erfahrungen, Fragen und Probleme. Insofern ist der Kommunikation, besonders in ihrer Verbindung mit dem Evangelium, stets ein integrativ grenzüberschreitendes Moment eigen und konvergiert sie religionsunterrichtlich z. B. zwanglos mit der Kommunikation als allgemeiner Zielsetzung für die Schule.

11

Kommunikation des Evangeliums wird so dank ihres vermittelnden Verstehens- und Verständigungsinteresses auch für einen Religionsunterricht, dem es um Glaubens- und Existenzfragen geht, zum maßgeblichen Horizont. Wie ersichtlich gewinnt dabei zum anderen der anspruchsvolle Kommunikationsbegriff seine eigentliche religionspädagogische Relevanz erst durch seine gleichsam symbiotische Verschränkung mit dem *Evangelium*. Es steht als Botschaft von der in Jesus Christus Ereignis gewordenen Liebe und Menschenfreundlichkeit Gottes für den Kerngehalt des christlichen Glaubens und die besondere „Sache" des Christentums. Von daher erfährt jegliche kommunikative Praxis des Evangeliums im letzten einen lebensbejahenden und lebensförderlichen Grundsinn und Sinnhorizont, der vor allem Rechtfertigung, Befreiung und Angstbewältigung signalisiert und erst in zweiter Linie fordert und in Anspruch nimmt. Das gilt kritisch und richtungsweisend für alle Formen der Kommunikation des Evangeliums unabhängig von den je spezifischen religionspädagogischen Handlungsfeldern und Aufgabenstellungen, dem situativen oder institutionellen Kontext und den jeweils am Kommunikationsprozeß Beteiligten.[1]

Der schulische Religionsunterricht, der laut Verfassung als „ordentliches Lehrfach" „in Übereinstimmung mit den Grundsätzen der Religionsgemeinschaften" zu erteilen ist, partizipiert einerseits über die Grundsätze der – in unserem Fall – evangelischen Kirche(n) an diesem übergreifenden Auftrag der Kommunikation des Evangeliums und gewinnt andererseits sein Eigenprofil gegenüber anderen religionspädagogischen Handlungsfeldern durch sein spezifisches didaktisches Bedingungsfeld: die öffentliche Schule in der säkular-pluralistischen Gesellschaft unserer Zeit und Welt. Der besondere schulische Lernauftrag, der bei allem notwendigen Bemühen um ganzheitliches Lernen doch kognitiv orientiert ist, modifiziert und spezifiziert die globale Zielperspektive und läßt uns evangelischen Religionsunterricht nach seiner spezifischen Zielsetzung und Aufgabenstellung begreifen als kommunikative Hinführung der Schüler zu einem *lebensförderlichen* Verständnis des Christentums. Diese im obigen Sinne als Kommunikation verstandene Hinführung will so-

---

[1] Zum Kommunikationsverständnis vgl. G. ADAM/R. LACHMANN, Was ist Gemeindepädagogik?, S. 21 ff.

wohl sachlich informieren und orientieren als auch in persönlicher und gesellschaftlicher Hinsicht betreffen und provozieren. Das Evangelium mit seiner lebensförderlichen Grundpotenz begegnet dabei vorrangig im weiten Gewand des Christentums, das in seiner geistesgeschichtlichen Faßbarkeit und vielfältigen Gegenwartspräsenz dem Verständnis der Schüler in gedanklicher Auseinandersetzung, affektiver Beteiligung und pragmatischer Anstößigkeit religionsunterrichtlich erschlossen werden will. Dieser solchermaßen ganzheitlich beschriebene und postulierte Erschließungsmodus für die Sache des Christentums verweist darauf, daß bei aller nüchtern realistischen Selbstbescheidung bezüglich dessen, was religionsunterrichtlich erreichbar ist, eine primär kognitiv angelegte Zielsetzung nicht ausreicht; vielmehr ist es gleichsam als didaktisch-methodische Daueraufgabe immer wieder nötig, die einseitige Verkopfung (religions-)unterrichtlicher Arbeit aufzubrechen und am Lernprozeß auch „Herz" und „Hand" belebend zu beteiligen. Längerfristig bedeutet das für die kommunikative Praxis des Religionsunterrichts, daß durch sie über bloße kognitive Ziele hinaus (evangelisch sachkonsequente) Wirkungen im Haltungsbereich angestrebt werden. Damit würde der Religionsunterricht an der Schule das unterrichtliche Lernen übersteigen und seine (religions-)pädagogische Wirksamkeit entfalten. Der Bereich christlicher Haltungen würde sein Zielhorizont. Für einen Religionsunterricht, dem es „fundamental" um das Evangelium im und am Christentum zu tun ist, müßte dieser Horizont der Haltungen grundsätzlich offen sein für mögliche Glaubensereignisse, in denen sich das Evangelium wirkungs- und verheißungsvoll durchsetzt. Das freilich kann zielmäßig nicht vereinnahmt werden; denn nach theologischem Verständnis ist der Glaube Geschenk Gottes und damit im Vollsinne seiner Bedeutung menschlich unverfügbar.

2. Lernbereiche und -inhalte

Das Christentum, dessen lebensförderliches Verständnis der Religionsunterricht vor allem anbahnen möchte, muß im einzelnen nach seiner biblischen Überlieferung und Wirkungsgeschichte, seinen wesentlichen Glaubensinhalten und -bekenntnissen, seinen ethischen Gehalten sowie seinen historischen und gegenwärtigen Entwicklungen, Ausprägungen und theologischen Meinungen in den religionsunterrichtlichen Blick kommen und in begründeter Auswahl religionsdidaktisch bedacht werden. Grob unterteilt lassen sich danach drei Lernbereiche oder auch Lerndimensionen religionsunterrichtlichen Handelns unterscheiden, die sich allerdings nicht scharf voneinander abgrenzen lassen, sondern mit großen Überschneidungsmengen in mannigfachen Beziehungen untereinander stehen. Im ersten, dem *hermeneutisch-biblischen Lernbereich* geht es primär um das Verstehen der biblischen Überlieferung, ihre Wirkungsgeschichte und ihre gegenwärtige Wirklichkeit und Relevanz. Dabei hat der Religionsunterricht besonders zu sachgemäßem, existenzrelevantem Verstehen der Bibel und ihrer Texte anzuleiten. Ein zweiter, in engem Zusammenhang mit dem ersten und dritten stehender Bereich, läßt sich als *ethischer Lernbereich* ausmachen. Er umgreift den gesamten Fragenbereich der Normen, Werte und ethischen Werthaltungen und will die Schüler zur Auseinandersetzung mit christlichen wie nichtchristlichen Maßstäben ethisch verantworteten Urteilens und Handelns anhalten. Fernziel ist dabei die Hinführung der Jugendlichen zu agapekritischer ethischer Urteilsfähigkeit mit anstößigen Impulsen zu entsprechendem ethischen Handeln. Das macht die christlich perspektivierte Erarbeitung und Kritik ethischer Maßstäbe und Weisungen, ihre verifizierende Begründung und ihre konkretisierende Anwendung zur Hauptaufgabe dieses religionsunterrichtlichen Aufgabenfeldes. Mit den *Glaubensinhalten und -fragen* des Christentums befaßt sich der dritte (existentialdogmatische) Lernbereich des Religionsunterrichts. In ihm geht es insbesondere darum, die Existenzfragen und -erfahrungen der Schüler so mit überkommenen Glaubenserfahrungen und -antworten bzw. dogmatischen Grundaussagen des Christentums in Beziehung zu setzen, daß im letzten das Christentum für die Schüler zur lebensförderlichen Hilfe werden kann. Anders ausgedrückt heißt das, im Kontext geschichtlicher, gesellschaftlicher und natürlicher Wirklichkeit existentielle und soziale Grunderfahrungen und -fragen menschlichen Lebens in wechselseitiger Durchdringung mit christlichen Glaubensantworten und -symbolen zu bedenken. Um der Gefahr individualistischer Engführung vorzubeugen, ist dabei die ständige Kontextbeachtung wichtiges Erfordernis. Außerdem dürfte deutlich sein, daß die so definierte Aufgabe im Lernfeld der

Glaubens- und Existenzfragen unabdingbar auf die biblisch-hermeneutische Verstehensarbeit angewiesen ist und ebenso dringend der Ergänzung durch die Themen und Fragestellungen des ethischen Bereichs bedarf. Hier gilt die Interdependenz der Lernbereiche und -dimensionen und sind die Grenzen fließend. Das betrifft besonders die Beziehungen zwischen ethischem und dogmatisch orientiertem Inhaltsfeld und hat dazu geführt, daß man beide Bereiche in der Regel undifferenziert dem problemorientierten Lernbereich subsumiert. Obwohl es sich beinahe von selbst versteht, daß bei der Behandlung von Glaubens- und Lebensfragen die ethische Fragendimension ebensowenig ausgeklammert werden kann, wie bei der Behandlung ethischer Probleme die dogmatische Begründungsdimension, plädieren wir dennoch für eine Unterscheidung – nicht Trennung – der beiden Lernbereiche. Das ermöglicht uns auf der einen Seite das optimale Eingehen auf deren dezidiert eigenständige Zielsetzungen und Aufgabenstellungen und verhindert auf der anderen Seite die verbreitete Gefahr der ethischen Reduzierung des Christentums, d. h. der Verkürzung der christlichen Wahrheit auf Anweisungen zum richtigen Handeln. Unser ausdrückliches Festhalten an einem Lernbereich, in dem christliche Glaubensinhalte in existentieller Korrelation eigenständig thematisiert werden sollen, verhilft scheinbar der alten Glaubenslehre im Religionsunterricht zu neuer Ehre. Vorurteile und Ängste vor orthodoxer Repression und konfessionalistischer Enge werden wach und zur kritischen Anfrage an unser Konzept eines Religionsunterrichts, der seinen Schülern in offener dialogischer Kommunikation die lebensförderlichen Potenzen des Christentums und seiner zentralen Glaubensinhalte bewahrheiten möchte. Wir nehmen diese fragwürdige Herausforderung an und lassen uns von ihr bei unserer fachdidaktischen Reflexion kritisch begleiten.

Was die *Inhalte* in diesem Lernbereich der Glaubens- und Lebensfragen anlangt, so stellt sich bei der Fülle christlicher Glaubensinhalte die didaktische Erzfrage nach der rechten inhaltlichen Auswahl, an der sich der Religionsunterricht grundlegend zu orientieren hätte. Unter der Voraussetzung einer sowohl theologisch wie pädagogisch verantworteten Religionsdidaktik sollte es sich bei den ausgewählten Inhalten zum einen um Fundamentalia christlichen Glaubens handeln, die zum anderen und zugleich für die Schüler einen erfahrbaren und nachvollziehbaren Bezug zu ihrem Leben in der gegenwärtigen Gesellschaft haben. Bei unserem Verständnis der Fundamentalia lassen wir uns von W. Klafkis didaktischer Bestimmung des Fundamentalen als dem „Inbegriff jener umfassenden Grunderfahrungen, die eine Dimension der geistigen Wirklichkeit als solche konstituieren", leiten.[2] Für die umfassende und durchdringende christlich religiöse Wirklichkeitsdimension ist bei allem theologischen Vorbehalt Gott das entscheidende Fundamentale. Dementsprechend ist alles Reden im Religionsunterricht im letzten Gottbezogenes Reden, und muß Gott gewissermaßen zur „Hauptsache" unserer fachdidaktischen Reflexion und religionsunterrichtlichen „Vermittlungsbemühungen" werden. Das ist eine theologische Bestimmung mit dem didaktischen Anspruch, dieses Reden von Gott vor unseren Schülern an der uns umgebenden Wirklichkeit zu bewahrheiten. Dieser fundamentale Unterrichtsinhalt kann in seinem christlichen Sinn nicht „unvermittelt" ausgesagt und bedacht werden; er bedarf vielmehr seiner Einbindung vermittels elementarer christlicher Glaubensinhalte, an denen das Wesentliche christlichen Gottesglaubens erfaßt werden kann. Gesucht und gefragt sind damit für den Religionsunterricht Elementaria, Grundmomente des Glaubens, die sich als repräsentative Antworten und Fragen christlichen Glaubens und Lebens bewährt haben und heutigen Menschen lebensförderlich verständlich gemacht werden können. Klaus Wegenast spricht in diesem Sinne von „für unser Jetzt wesentlichen Grundkategorien des christlichen Glaubens aus der Überlieferung", die in jeder theologischen und religionspädagogischen „Konzeption so oder so zur Geltung kommen" bzw. zur Geltung kommen müssen, „sofern sie christlich sein möchte".[3] Als solche elementaren „Aspekte des überlieferten Systems" nennt er in Anschluß an Wenzel Lohff die vier bekannten „Symbole der Glaubenslehre" Schöpfung, Fall, Versöhnung und Hoffnung.[4] Theologisch gesehen geben diese *Glaubenssymbole* tatsächlich elementar-exem-

---

[2] W. KLAFKI, Studien zur Bildungstheorie und Didaktik, S. 123.

[3] K. WEGENAST, Der christliche Glaube als Lehre im Religionsunterricht, S. 232; vgl. außerdem K. WEGENAST, Neue Ansätze zu einer Theorie des Religionsunterrichts. In: E. FEIFEL u. a. (Hrsg.), Handbuch der Religionspädagogik I. Gütersloh 1973, S. 313–334, bes. S. 332.

[4] W. LOHFF, Glaubenslehre und Erziehung, S. 31 ff.

plarische Inhalte ab, die dem überlieferten Christentum im Lernprozeß langjährigen Religionsunterrichts zum Verständnis verhelfen können. Im ständigen Bezug auf das Fundamentale
„Gott" werden wir uns hier auf diese ausgewählten „Elementaria
dogmatischen Grundwissens" konzentrieren. Religionsdidaktisch ist das freilich nur zu verantworten, wenn es uns gelingt, das
überlieferte Wissen zum lebensdienlichen Angebot für die uns
anvertrauten Schüler im Kontext ihrer Zeit und Welt gleichsam
zu „verlebendigen". Nur dann ist gewährleistet, daß die Schüler
bei aller theologischen Begründetheit der ausgewählten Glaubensinhalte nicht draußen vor der Tür bleiben.

Damit ist die *pädagogische und didaktische Begründung* für
diese exemplarische Auswahl theologisch elementarer Glaubenssymbole angefragt. Sind sie nicht geradezu der Inbegriff
eines kirchlichen Antwortsystems, das von den Menschen und
Jugendlichen heute „vielfach als nicht lebensnah empfunden"
wird, als „zu dogmatisch, zu sehr an der eigenen (kirchlichen)
Sprache orientiert, zu sehr traditionsfixiert, oft so sehr, daß der
Sitz im Leben nicht mehr wahrgenommen wird"? Trifft unsere
Auswahl nicht der immer wieder gegen Kirche und Theologie
erhobene Vorwurf, daß „das Interesse an der theologischen Kor-
rektheit . . . oft größer (ist) als die Orientierung daran, Menschen
zu helfen, mit ihren Lebensfragen fertigzuwerden"?[5] Wenn das
der Fall wäre, dann würden wir uns für unseren Religionsunterricht die Aversion und desinteressierte Gleichgültigkeit einhan-
deln, die gerade bei Jugendlichen gegenüber kirchlich geprägten
Glaubensformulierungen und traditionellen dogmatischen Be-
kenntnissätzen allenthalben anzutreffen sind.[6] Hier wird nichts-
sagende Lebensferne assoziiert, gepaart mit doktrinärem Herr-
schaftsanspruch und autoritärer Geltung der dogmatischen Sätze.
Unsere didaktisch programmatische Maßgabe der Lebensförderlichkeit der Glaubenssymbole beansprucht dagegen dezidiert Lebensnähe, wo der Vorwurf lebensferne Dogmatik lautet, und will
dem Evangelium in den Glaubensinhalten einen Sitz im Leben
der Jugendlichen erschließen. Das bedeutet Bewahrheitung und
Bewährung der christlich elementaren Glaubenssymbole im und
am Leben der Schüler. Wo uns das nicht gelingt, wo wir die

---

[5] K.-F. DAIBER, Die Zukunft der Volkskirche, S. 193 f.
[6] A. FEIGE, Kirche, Religion und Werte.

erfahrene und erfahrbare Lebensförderlichkeit der Grundaspekte des Christentums den Jugendlichen nicht verifizieren können, da können wir sie, die Elementaria christlichen Glaubens und Lebens, für unseren Religionsunterricht abschreiben, dann haben sie sich nicht als lebensdienliche Elementaria bewährt!

Diesem didaktischen Programm und Auftrag kommt die religionsunterrichtliche Kommunikation entgegen, wie wir sie oben für einen erfolgreichen Religionsunterricht verlangt haben. Als offener, dialogischer Prozeß ist sie auf Verstehen und Verständigung aus, was sich mit autoritärer und doktrinärer Geltung und Vermittlung ideologisch-dogmatischer Wahrheiten nicht verträgt. Den dogmatisch allergischen, desinteressierten, skeptischen oder fragenden Schülern kann man nicht mit unbefragt gültigen Traditionen und vereinnahmenden kirchlichen Wahrheitsansprüchen kommen, sondern muß die christlichen Glaubenselementaria kommunikativ einbringen als *Angebot* zum Diskurs und bedenkenswerte Wegweisung für gelingendes Leben. Unabdingbare Voraussetzung ist deshalb gegenüber den Schülern der Verzicht auf den vorgängigen Autoritätsanspruch biblischer Überlieferung und dogmatischer Sätze mit der toleranten Konsequenz, diese in der Auseinandersetzung mit anderen Lebensauffassungen als Angebot zur Diskussion zu stellen. Dieser Angebotscharakter gilt ungeachtet der konstitutiven christlichen Determinierung, wie sie mit dem Fach evangelische Religionslehre vorgängig gegeben ist!

3. Vermittlungswege und -weisen

Die angestrebte kommunikative Praxis des Religionsunterrichts auf der Basis des Angebots christlicher Glaubensantworten und -anstöße ist die eine unverzichtbare Weise des Umgangs mit den Glaubens- und Lebensfragen der Schüler. Sie ist Voraussetzung, um in unserer Zeit, die von Traditionsabbruch und -skepsis und massiven Vorbehalten gegen alles Dogmatische geprägt ist, überhaupt noch Glaubensinhalte unterrichtlich einbringen zu können. Mit diesem Angebotscharakter ist freilich keineswegs auch schon die Lebensnähe der angebotenen Glaubensantworten garantiert. Ihr wollen wir auf dem Wege der sog. *Verifikation* genügen, eines theologisch-didaktischen „Programms", wie es etwa von G. Ebeling vertreten und von H. Zahrnt besonders eindrücklich popularisiert worden ist.[7] „Verifikation" meint danach die Bewahrheitung christlicher Glaubensaussagen am „allgemeinen Wahrheitsbewußtsein" und „der jedermann zumutbaren Wirklichkeitserfahrung".[8] Das gilt für die Aussagen über Gott genauso wie für die elementaren Symbole des Gottesglaubens und setzt dabei die Möglichkeit der existentiellen Verifikation des Redens von Gott an unserer Lebenswirklichkeit und unseren Lebenserfahrungen bedingt voraus. Didaktisches Grunderfordernis muß es demnach sein, solchermaßen dem Reden von Gott im Selbst- und Weltverständnis oder der Erfahrungswelt der Jugendlichen einen realen Anhalt zu bieten. Das bedeutet – um Mißverständnisse zu vermeiden – ebensowenig eine religionsunterrichtliche Neubelebung der Gottesbeweise wie das ungebrochene Wiederaufleben natürlicher Theologie, sondern meint das verpflichtende Bemühen um die *deiktische Bewahrheitung* des Gottesglaubens an menschlichen Grundfraglichkeiten und -befindlichkeiten. Deiktisch meint dabei – in Wiederaufnahme eines Ausdrucks Erich Wenigers – die ausschließliche Verweis- und Impulsfunktion dieses Verifikationsweges: Den Schülern soll Gott nicht bewiesen werden, vielmehr sollen sie auf ihn verwiesen werden. Sie sollen zum Nachdenken darüber angeregt werden, was sie meinen, wenn sie von Gott reden, bzw. warum es sinnvoll sein kann, in bezug auf menschliches Dasein überhaupt von Gott zu sprechen. Damit ist gleichzeitig ausgedrückt, daß dieser Weg der Verifikation nicht beansprucht, ausgehend von menschlichen Erfahrungen bis zum christlich gläubigen Reden von der Agape Gottes führen zu können. Dem steht nicht nur der theologische Vorbehalt von der Unverfügbarkeit des Glaubens entgegen, sondern immer auch der Augenschein scheinbarer Lieblosigkeit Gottes in den konkreten Welt- und Lebenserfahrungen der Schüler. Demgegenüber bedarf evangelischer Religionsunterricht unabweisbar der hermeneutisch-biblischen Beschäftigung mit der überlieferten Kunde von der Gotteserignung in Jesus Christus, die dem Menschen in der Spannung von Kreuz und Auferstehung, von Todes-

---

7 Vgl. H. ZAHRNT, Gott kann nicht sterben; ders., Wozu ist das Christentum gut?; ders., Warum ich glaube.
8 G. EBELING, Wort und Glaube. 2. Bd., S. 187.

angst und Lebenshoffnung die Entscheidung für die Agape Gottes zumutet, anbietet, abnimmt! Didaktisch gesehen heißt das, daß der propagierte Erfahrungsweg und die verlangte Bibelbeschäftigung in wechselseitiger Angewiesenheit und Abhängigkeit stehen und religionsunterrichtlich im Miteinander, Ineinander und Aufeinanderzu praktiziert werden müssen. Dabei vermag die angestrebte induktive Verifikationsweise das religiöse Feld etwa so weit zu bereiten, daß der Blick deiktisch frei wird in Richtung auf ein Verständnis von Gott als Grund und Möglichkeit menschlichen Daseins.

Fragen wir danach, ob der von uns propagierte Vermittlungsweg induktiv oder deduktiv angelegt ist, so liegt es zunächst, wie bereits auch angezeigt, nahe, von einem induktiven Vermittlungsweg zu sprechen. Bei genauerem Hinsehen zeigt sich jedoch im Falle unseres religionsdidaktischen Anliegens, daß hier induktives und deduktives Verfahren eher als die beiden Seiten ein und derselben Medaille anzusehen sind. *Induktiv* verfährt sicher der Religionsunterricht, wenn er gleichsam in einem *Dreierschritt* sein verifikatives Unterfangen umsetzt und einlöst: Danach hieße es 1. die Alltags- und Lebenserfahrungen und -situationen der Schüler aufzusuchen und bewußt zu machen, müßten 2. diese Erfahrungen sozusagen existential elementarisiert werden, d. h. auf Grundprobleme und -erfahrungen menschlichen Daseins hinterfragt werden und damit sinnanthropologisch und religiös aufgeschlossen werden und wäre schließlich 3. die solchermaßen elementar erschlossene Lebenswirklichkeit der Schüler korrelativ mit theologischen Antworten aus Bibel und dogmatischer Tradition zu vermitteln. Am Vertrauensphänomen konkretisiert würde das z. B. bedeuten, die Schüler zunächst in ihren zwischenmenschlichen Beziehungen und alltäglichen Lebenssituationen Erfahrungen geschenkten und fehlenden Vertrauens entdecken zu lassen, um sie darüber zur Einsicht ihres lebensnotwendigen Angewiesenseins auf Vertrauen zu bringen. Das so ansichtig und einsichtig gewordene Urvertrauen könnte dann in Beziehung gesetzt werden mit der wesentlichen Vertrauenskomponente christlichen Glaubens und erführe damit gleichsam seine Transzendierung hin zum Vertrauen auf Gott als Angebot lebensförderlichen Gottesglaubens. Auf diesem zweifellos induktiven Weg möchte der Religionsunterricht ein Doppeltes erreichen: einmal die Verifikation christlicher Glaubensinhalte an allgemein zugänglichen Lebenserfahrungen, zum anderen Existenzerhellung und -hilfe durch Vermittlung eines lebensdienlichen Verständnisses des Christentums und seines evangelischen „Wesenskerns". Das kann gelingen, wenn ich die Wirklichkeitserfahrung der Schüler so mit den theologischen Antworten zu vermitteln weiß, daß die stabilisierend entlastenden wie die mobilisierend kritischen und kreativen Potenzen des Christentums religionsunterrichtlich wirksam werden können – wirksam werden können als Angebot zur Diskussion! Bei genauerem Hinsehen ist freilich unschwer zu erkennen, daß die angestrebte doppelte Intention existentialdogmatischen Unterrichtens keineswegs nur auf induktivem Weg zu erreichen ist. Genauso gut denkbar ist auch der umgekehrte Weg deduktiven Vorgehens. Er könnte seinen Ausgang nehmen von einem möglicherweise unverstandenen, mißverstandenen oder kritisierten Glaubenssymbol, um von ihm aus hinzuführen zu einem erfahrungsmäßig verifizierten Verständnis des umstrittenen und bestrittenen christlichen Glaubensinhalts. Daß bei dem hier angestrebten dogmatischen Elementarwissen für Religionslehrer natürlich das deduktive Verfahren dominiert, versteht sich – noch dazu bei der vorgängig entschiedenen Konzentration auf die traditionellen Glaubenssymbole des Christentums – beinahe von selbst. Religionsdidaktisch darf das indessen keinesfalls so verstanden werden, als wären die Lebensfragen und -erfahrungen der Schüler – auch und besonders in ihrem induktiven Vermittlungszusammenhang – nur Nebensache verglichen mit der Hauptsache des zu vermittelnden Glaubenssymbols! Das wäre didaktischer Verrat am pädagogischen und religionspädagogischen Auftrag des Religionsunterrichts. Die religionsunterrichtliche Beschäftigung mit den Lebens- und Glaubensfragen der Schüler behält ihre eigenständige religionsdidaktische Gewichtigkeit auch unabhängig davon, ob im Konzert vielfältiger Antwortangebote vielleicht das verifizierte christliche Glaubenssymbol zum gelungenen Verstehen und Verständigen gelangt oder nicht.

Daß der für den existentialdogmatischen Aufgabenbereich empfohlene deduktive oder induktive Verifikationsweg unverzichtbar erfahrungsorientiert angelegt ist, liegt auf der Hand. Dabei schließt dieser didaktisch verlangte *Erfahrungsbezug* sowohl die Alltagserfahrungen wie auch die Grunderfahrungen heutiger

Menschen ein, und ist es religionsunterrichtliches Interesse, diese Erfahrungen in Konvergenz und Korrelation mit christlichen Glaubens- und Gotteserfahrungen zu vermitteln. Dazu wird wie gesagt häufig so verfahren, daß die alltäglichen Erfahrungen auf die implizierten Grunderfahrungen hinterfragt werden und man diese dann gleichsam in transzendierendem Vermittlungsbemühen mit den Gotteserfahrungen christlichen Glaubens, wie sie uns in verschiedenartigster Ausprägung und Zuständlichkeit etwa im biblischen Zeugnis oder in dogmatisch verdichteten Glaubenssymbolen oder als Glaubenserfahrungen heutiger Christen begegnen, in Beziehung setzt und zu zünden sucht. Das kann nur gelingen, wenn wir zuvor die in Frage stehenden biblischen oder dogmatischen Inhalte auf die in ihnen enthaltenen Erfahrungsgehalte hin ausgelegt und erschlossen haben, um sie auf diese Weise gleichsam als Erfahrungen des Glaubens mit den Alltags- und Grunderfahrungen verstehen zu können. Die Erfahrungswirklichkeit der Menschen begegnet so in der Deutungsperspektive des Glaubens und bekommt von daher seine spezifische Be-deutung. Als wichtige didaktische Aufgabe gerade im Umgang mit den Glaubenssymbolen, die weithin als erfahrungslos erfahren werden, erweist es sich somit, den in ihnen verborgenen Erfahrungsschatz zu entdecken und zu entbergen und sie so von ihrem negativen Image als scheinbar lebensfernen dogmatischen Formeln zu befreien.

Wo es gelingt, die Glaubenssymbole über den Beziehungskomplex von Alltags-, Grund- und Glaubenserfahrungen wirklich lebensnah und lebensförderlich zu erschließen, da haben sie je für ihren Teil Anteil an der Möglichkeit und dem Angebot, die Welt- und Lebenswirklichkeit mit den Augen des Glaubens zu sehen. Das aber heißt im letzten und eigentlichen: die Welt im Lichte des Evangeliums sehen, das hier und heute wirksam ist und seine Spuren in unserer Welt hinterläßt. Theologisch sind das Spuren des Heiligen Geistes, der das Evangelium von der Lebensfreundlichkeit Gottes immer aufs Neue vergegenwärtigt. Verstehen wir dabei den Heiligen Geist mit dem Nicänum im umfassenden Sinne der drei Artikel als Geist des Lebens und der Liebe, so stammt dieser so qualifizierte Geist in seiner gegenwärtigen Wirksamkeit aus dem Geiste Jesu Christi und wurzelt im Schöpfergeist Gottes. Damit umfaßt die Wirklichkeit des Geistes sowohl den schöpferischen Lebensodem wie die durch Jesus

Christus ereignete und bewahrheitete Lebens- und Liebeshoffnung der Rechtfertigung und Auferstehung und kann in solchem Glauben den Blick freigeben auf Spuren des Geistes in unserer Lebenswelt. Damit erscheint diese gewissermaßen in pneumatologischer Belichtung, und könnte ein Such- und Entdeckungsprozeß angestoßen werden, der die uns umgebende alltägliche Lebens- und Weltwirklichkeit seismographisch absucht und abhorcht nach Lebens- und Liebeszeichen des Geistes. Als Verstehensschlüssel für ein solches Erschließungsunternehmen wird dem Glauben das Evangelium vom Gott-geliebten Leben, von der „Philanthropie Gottes" (Tit 3,4) angeboten. Erst dieser Schlüssel des Evangeliums, erst diese Brille des Glaubens macht aufgeschlossen und hellsichtig für Entdeckungen des Geistes im Leben und Lieben unserer Welt; er bietet sozusagen die heuristische Perspektive und Belichtung, die es ermöglicht, trotz aller Gegenerfahrungen in unserer natürlichen, geschichtlichen und gesellschaftlichen Wirklichkeit immer wieder Zeichen und Wirkspuren des lebendigmachenden Geistes zu entdecken und sie deutend zu erschließen als gründend in Gott, dem bedingungslosen „Liebhaber des Lebens" (Weish 11,26).[9]

Kann solche pneumatologische Belichtung für unseren Religionsunterricht, der sich mit christlichen Glaubenselementaria beschäftigt, irgendwelche didaktische Relevanz beanspruchen? Das erscheint zunächst ausgeschlossen, da dafür christlicher Glaube verlangt zu sein scheint, den man für die meisten Schüler, die heute am Religionsunterricht teilnehmen, nicht mehr „so einfach" voraussetzen kann. Insofern können wir im Religionsunterricht kaum mit einer gläubig „begeisterten" Spurensuche rechnen. Trotzdem muß dadurch dieser pneumatologische Blickwinkel religionsdidaktisch nicht eo ipso bedeutungslos und uninteressant werden. Man könnte ihn nämlich durchaus unter hypothetischem Vorzeichen und Vorbehalt einsetzen, was dem von uns propagierten Angebotscharakter des christlichen Glaubens entgegenkäme.

So könnte man z. B. immer wieder anbieten und dazu anregen, sich die „pneumatologische Brille" aufzusetzen und aus dieser

---

[9] Vgl. R. LACHMANN, Gebote als Evangelium unterrichten und verkündigen?, S. 538 ff.; s. außerdem u. S. 107 ff. die Überlegungen zur didaktischen Erschließung des Symbols der Trinität!

Glaubenssicht gleichsam probehalber – als ob man glaubte – Welt und Leben zu betrachten. Damit könnten Einblicke, Durchblicke und Ausblicke vermittelt werden, die das Christentum mit seiner lebens- und liebenswerten Deutungs- und Entdeckungsperspektive durchaus auch für christlich distanzierte Schüler interessant und attraktiv machen könnte. Hier bietet sich auch der deutend experimentierende Umgang mit den lebensförderlich erschlossenen Glaubenssymbolen als ein Weg christlicher Belichtung der uns begegnenden Lebens- und Weltwirklichkeit an. Das hieße etwa „im Streit um die Wirklichkeit" die Brille des Schöpfungsglaubens aufzusetzen und im Lichte des Schöpfungssymbols bestimmte Lebenserfahrungen christlich gedeutet, belichtet und bewahrheitet zu betrachten und zu bedenken und darüber vielleicht Entdeckungen des guten Schöpferwillens im Hier und Heute zu machen. Einschließlich des Fallsymbols, das von Gott her die Erfahrungen der Negativität, die Kreuzeserfahrungen des Scheiterns, Verfehlens, Leidens, beleuchtet, eignen sich auch die übrigen Glaubenssymbole zu solch hypothetischer Art pneumatologischer Belichtung und Entdeckung; vorausgesetzt sie sind erfahrungsorientiert vorbereitet und werden kommunikativ angeboten.

Angesichts der derzeitigen symboldidaktischen Diskussion fragt es sich schließlich noch, ob die Rede von Glaubens*symbolen* besondere didaktische Vermittlungswege eröffnen könnte. Zunächst partizipiert die Verwendung des Symbolbegriffs unabhängig von seinem aktuellen didaktischen Gebrauch an der herkömmlichen theologischen Bedeutung, wonach unter Symbol „das Bekenntnis" verstanden wird, „das in einer Kirche als verbindliche Formulierung des gemeinsam Geglaubten in Kraft steht. In diesem Sinne werden vorab die ökumenischen Bekenntnisse, weiter aber auch die Bekenntnisschriften der getrennten Kirchen Symbole genannt."[10] Symbole sind danach gewissermaßen Wahrzeichen und Erkennungszeichen für einen bestimmten Glauben; wer ihm angehört, bekennt sich zu ihnen. Bezogen auf die christlichen Glaubensbekenntnisse spielt diese Bedeutung mit, wenn wir oben von den vier Glaubenssymbolen als Elementaria christlichen Glaubens gesprochen haben, die vorhanden sein müssen, sofern sich ein Glaubenskonzept christlich nennen

---

[10] E. Buess, Art. Symbol. In: RGG Bd. 6, Tübingen ³1962, Sp. 540 f.

will. So stellen sich die Glaubenssymbole, mit denen wir es zu tun haben, auf einer ersten Bedeutungsebene dar als elementare Wahr-Zeichen christlichen Glaubens. Diese begegnen in unserem Falle als „sprachliche Gebilde", die – wenn wir W. Lohff folgen – die Fähigkeit haben, „die Wirklichkeit der Alltagswelt gänzlich zu überschreiten, Sinngebilde zu bezeichnen, die so in der Alltagswelt gar nicht vorkommen, sie übergreifen und doch zu ihr in Beziehung stehen." Insofern haben die Glaubenssymbole zwar durchaus Anteil an konkreten Alltagserfahrungen, transzendieren diese aber gerade und weisen in ihrem symbolischen Charakter stets hinaus „auf das ‚Ganze' des Lebens, seinen ‚Ursprung' und seine ‚Bestimmung' (Gott, Erlösung, Heil)".[11] Im Verstehens- und Verständigungsgeschehen des Religionsunterrichts fungieren danach die Glaubenssymbole gewissermaßen als „hermeneutische Brücke" (P. Biehl) zwischen Erfahrungsbezug und transzendierendem Gottesbezug, zwischen Alltags- und Grunderfahrungen der Schüler und Gotteserfahrungen, wobei sie nur dann „ganz" verstanden wären, wenn jeweils die zwar unterschiedene, aber ungetrennte Zusammengehörigkeit von Erfahrungs- und Gottesbezug beachtet würde. Das gilt auch dann, wenn der Gottesbezug der Symbole transzendierende Glaubenserfahrungen enthält, die quer zu den gewohnten Alltagserfahrungen stehen, sie durchkreuzen und infragestellen. Dann können die Glaubenssymbole zu anspruchs- und verheißungsvollen „Kontrastsymbolen" werden, die im Streit um die Deutung der Wirklichkeit provozierende Impulse zum Nachdenken und Umdenken vermitteln können.

Symboldidaktisch problematisch sind die von uns so bezeichneten elementaren Glaubenssymbole Schöpfung, Fall, Rechtfertigung und Vollendung, die von Biehl mit P. Tillich „auf einer zweiten Ebene" religiöser Symbole, die „Gott als den Handelnden und gegenwärtig Wirksamen erfassen", angesiedelt werden,[12] insofern, als der den Symbolen eigene Bildgehalt und Charakter sinnlicher Zeichenhaftigkeit bei ihnen hochgradig reduziert ist. Bildliche Assoziationen werden durch sie kaum geweckt, und man ist deshalb immer wieder versucht, den elementaren Glaubenssymbolen durch Rückgriff auf die Symbole der

---

[11] W. Lohff, Glaubenslehre und Erziehung, S. 33.
[12] P. Biehl, Symbole geben zu lernen, S. 60.

dritten Ebene, wo „es um die Erfassung des Heiligen in konkreten Dingen" geht, symboldidaktisch aufzuhelfen.[13] Schlagen wir diesen anspruchsvollen Weg ein, so dürfen wir nicht übersehen, daß gerade die elementaren Glaubenssymbole wie in der Gesellschaft so auch in der Klasse kaum vorgängige Anerkennung besitzen, sondern eher als lebensferne dogmatische Formeln und Klischees existieren und abgelehnt werden. Hier empfiehlt sich deshalb in jedem Fall ein Verstehens- und Verständigungsweg über erfahrungsorientierte Auslegung und Erschließung der elementaren Glaubenssymbole, um durch experimentierenden Umgang mit ihnen ihrer schöpferischen und lebensverheißenden Potenzen gewahr werden zu können. Dazu ist es vordringlich nötig, die traditionellen Glaubenssymbole gleichsam didaktisch zu revitalisieren. Das verlangt, daß wir die dogmatisch verdichteten und verfestigten oder erstarrten Erfahrungen in den Glaubenselementaria wieder zum Leben erwecken, indem wir versuchen, die in ihnen eingeschlossenen Glaubens- und Gotteserfahrungen in Konvergenz und Kontrast zu den Lebenserfahrungen der Kinder und Jugendlichen aufzudecken und zu erschließen. Gelungen ist eine solche „Revitalisierung" sicher dann, wenn aus der scheinbaren dogmatischen Leerformel des Glaubenssymbols wieder eine lebensvolle Geschichte geworden ist, die man weitererzählen kann. Das können bewährte Geschichten aus der biblischen Überlieferung ebenso sein wie bewahrheitete Geschichten aus dem Leben und Glauben hier und heute. Dieser Erschließungsweg von Glaubenssymbolen schließt den vermittelnden Zugang über stärker bildhaltige Symbole nicht aus. Doch bedarf auch dieser symboldidaktische Weg im engeren Sinn unabdingbar des Erfahrungsbezugs und unterscheidet sich darin nicht von dem Verifikationsweg über die Grunderfahrungen oder das „pneumatologische Belichtungsangebot", das die Jugendlichen bei ihrem Umgang mit der Wirklichkeit die christliche „Brille" aufsetzen läßt. Eine lebensförderliche Vermittlung und Erschließung der elementaren Glaubenssymbole ohne Erfahrungsorientierung dürfte schwerlich gelingen.

---

[13] P. BIEHL, ebd., S. 61.

II. Möglichkeiten und Grenzen des Redens von Gott

Der Religionsunterricht muß von Gott reden, „richtig" reden! Seine Religionslehrer müssen bereit und fähig sein, über ihr Reden von Gott Rechenschaft abzulegen. Sie müssen zeigen können, was sie meinen, wenn sie heute „Gott" sagen. Sind sie dazu nicht in der Lage oder drücken sie sich darum herum, „versündigen" sie sich am Auftrag des Religionsunterrichts. Sie nähren damit bei den Schülern den ohnehin schon in ihrem Fragen angelegten Verdacht, daß es Gott überhaupt nicht gebe. Das nämlich ist wohl die in unserer Zeit am häufigsten gestellte „theologische" Frage: An die Stelle der für Martin Luther entscheidenden Frage „Wie bekomme ich einen gnädigen Gott?" scheint für uns und unsere Zeitgenossen die nicht minder entscheidende Frage getreten: „Gibt es Gott?"

1. Gibt es Gott?

Als die sowjetischen Kosmonauten sich erstmals im Weltraum aufhielten, funkten sie dem Sinne nach zur Erde herunter: „Von Gott keine Spur. Es gibt ihn nicht!" – Anders die amerikanischen Weltraumfahrer von Apollo X; sie lasen bei ihrer Mondumkreisung die biblische Schöpfungsgeschichte vor. Einer von ihnen reist heute noch als Botschafter Gottes predigend und Zeugnis ablegend durch die Welt! Hüten wir uns davor, uns allzu schnell auf die Seite der Amerikaner zu schlagen. Die Feststellung der Russen dürfte häufig genug unser eigenes Fragen bestimmen: Gibt es Gott? Gibt es Gott nicht? Theologen pflegen darauf gern mit einem pointierten Zitat DIETRICH BONHOEFFERS zu antworten „Einen Gott, den es ‚gibt‘, gibt es nicht" oder noch drastischer mit Manfred Mezger, einem Praktischen Theologen aus Mainz: „Es gibt einen Bodensee, es gibt einen Himalaja, aber Gott gibt es nicht". So geistreich und letztendlich richtig diese

Antworten auch sind, vielleicht nehmen sie das Frageninteresse unserer Zeitgenossen doch nicht ernst genug. Wie können wir wissen, fragte kürzlich eine Berufsschülerin, ob die Erzählungen und Lehren von Gott nicht lauter Illusionen und frommer Selbstbetrug sind? Das war beileibe keine Frage aus provokativem oder spekulativem Interesse; hier fragte vielmehr jemand in der Hoffnung, endlich festen Boden unter die Füße zu bekommen. Entsprechend findet dann das fragende Votum häufig seine Fortsetzung mit den Worten: „Ich würde ja gerne an Gott glauben, wenn mich nur zuvor einer davon überzeugen (das heißt mir zweifelsfrei sicherstellen) könnte, daß es wirklich einen Gott gibt." Hier wird die Wirklichkeit Gottes angefragt, wird nach der Existenz Gottes gefragt, wird gefragt, wie weit diese durch Wirklichkeit gedeckt ist. Insofern als hier nicht nach „Gott an und für sich" als bloßer Abstraktion und ohne „Anhalt an der Wirklichkeit" gefragt ist, sondern mit echter existentieller Beteiligung, ist diese Frage legitim und fordert unsere Antwort und – wo nötig – auch unsere theologischen Korrekturen.[1] Religionsunterrichtlich heißt das vor allem, in bezug auf das Reden und Vorstellen von Gott ein angemessenes Verständnis anzubahnen und Mißverständnisse zu verhindern oder abzubauen. Denn wer sich Ameisen in Gestalt von Hirschen vorstellt, wird sie im Wald niemals finden. Wer sich Gott falsch vorstellt, wird ihn schwerlich finden!

Von daher müssen wir zunächst ausdrücklich und unnachgiebig an Bonhoeffers Antwort auf unsere Frage, ob es Gott gibt, festhalten: *Einen Gott, den es gibt wie die Dinge und Menschen, mit denen wir umgehen, gibt es nicht!* Die Theologie kann und darf von Gott sinnvoll nicht behaupten, daß es ihn „gibt", wie es andere Personen und Dinge auf, unter und über der Erde gibt. Das ist nicht erst eine Entdeckung und Erkenntnis unserer modernen Zeit: Davon wußte schon das Alte Testament mit seiner Überzeugung, „daß der sterbliche Mensch vor der Majestät Gottes vergehen müßte, wenn sie ihm unvermittelt vor Augen treten würde". Davon wußte der Verfasser des Johannesevangeliums, wenn er in 1,18 schreibt „Niemand hat Gott je gesehen".[2] Das können auch wir relativ leicht einsehen, bedenken wir, daß

---

[1] Vgl. H. GREWEL, Christentum – was ist das?, S. 14 f.

[2] W. PANNENBERG, Das Glaubensbekenntnis, S. 13 f.

der Mensch über alles, was es in der Welt an sichtbar und meßbar Gegenständlichem und Vorfindlichem gibt, verfügen und herrschen kann. Ein Gott aber, über den der Mensch verfügen und herrschen kann, ist genauso wenig Gott, wie ein Gott, der sterben kann. Ein meßbarer, feststellbarer, beweisbarer und in dem allen verfügbarer Gott ist letztendlich immer Götze und Abgott, abhängig von den Menschen, ihrem Zugriff und ihren Wünschen. Solchen Gott gibt es „wirklich" nicht. Gott „ist" anders!

Aus dieser negativen Aussage folgt zunächst eine wichtige Maßgabe für die Art und Weise unseres Redens von Gott: „Daß ein Tisch ,ist', stellt man fest; daß Gott ,ist', kann man nur bekennen", sagt Heinz Zahrnt.[3] Das heißt, alle *Aussagen über Gott* sind *existentielle Aussagen* mit Bekenntnischarakter. „Der Mensch, der ,Gott' sagt, macht damit eine Aussage über sich selbst, darüber, was Gott für ihn bedeutet, wie er auf ihn vertraut oder hofft oder wie er sich vor ihm ängstet und fürchtet". Daraus folgt, daß „jeder Satz in der Sprachform ,Gott ist . . .' . . . nur ein abgekürzter Ausdruck für einen Satz (ist), der nach seiner existentiellen Struktur formuliert werden müßte: ,Ich glaube (hoffe, fürchte, habe erfahren), daß Gott (mich) . . .'. So muß zum Beispiel der Satz ,Gott ist Liebe' gelesen werden als: ,Ich glaube oder habe erfahren, daß Gott mich (und gegebenenfalls auch andere) liebt; ich kann mich auf die liebende Zuwendung Gottes uneingeschränkt verlassen".[4] Diese unabdingbare existentielle Strukturierung all unseres Redens, Denkens und Vorstellens von Gott verweist zugleich auf die Wirklichkeitsdimension, die uns auf die ernsthaft gestellte Frage nach der Existenz Gottes auch positive Anwortmöglichkeiten eröffnet. *Gott ist* zwar niemals beweisbar, feststellbar und gegenständlich faßbar, sehr wohl aber kann er an, in und hinter unserer Lebenswirklichkeit *erfahrbar, verifizierbar* und *sagbar* (gemacht) werden, sofern die nötige Bereitschaft und Aufgeschlossenheit dafür vorhanden ist. Wem in diesem Sinne das Fragen nach der Existenz Gottes echtes Anliegen ist, dem kann man an der ihn umgebenden Wirklichkeit Anhaltspunkte, Zeichen und Spuren der Transzendenz aufzeigen, die ihm zumindest einsichtig machen können, wie Menschen dazu kommen, an

---

[3] H. ZAHRNT, Warum ich glaube, S. 197.
[4] H. GREWEL, Christentum – was ist das?, S. 22.

so etwas wie Gott zu glauben, in ihrem Leben nicht ohne den Namen „Gott" auszukommen. Das eingangs bereits angesprochene Programm der Verifikation, das hier theologisch wie religionsdidaktisch verfolgt wird, möchte möglichst bis zu dieser Einsicht vordringen; die notwendige Grundentscheidung, ob man es für das eigene Leben mit dem Gottesglauben wagen oder sich eine andere Wertorientierung wählen soll, muß jeder für sich selbst fällen. Wichtig dabei ist freilich, daß man wirklich weiß, was gemeint ist, und worauf man sich einläßt, wenn man von Gott redet: Damit ist „nicht auf irgendeinen, sondern auf *den* entscheidenden Orientierungspunkt unseres gesamten Tuns und Lassens, den tiefsten und letzten Sinn unseres Lebens, den Grund einer Hoffnung, die nicht an den Widrigkeiten wechselnder Welterfahrung zuschanden wird", verwiesen. Nur in dieser „Letztgültigkeit" hat das Reden von Gott überhaupt einen Sinn, können wir Gott angemessen aussagen und es wagen, vor aller inhaltlichen Füllung das mit Gott Gemeinte zu definieren. *Gott* wäre danach mit einer vielzitierten Formulierung von Paul Tillich „das, was uns unbedingt angeht" oder um Grewel zu zitieren: „Gott ist letzter Grund und Grenze unserer Existenz", *Grund und Möglichkeit unseres Daseins!*[5] Das wären – gewissermaßen umgebogene – Antwortversuche auf die Frage nach der Existenz Gottes; sie sagen Gott nicht auf der Ebene des „Es gibt" aus, sondern in existentiellen Aussagen mit Letztgültigkeitscharakter. Vielleicht können wir uns zunächst einmal auf diese vorläufigen Definitionsversuche einigen, um sie immer dann mitzudenken, wenn von Gott die Rede ist. Wem die Definition von Gott als Grund, Grenze und Möglichkeit unseres Daseins nicht behagt, vielleicht zu nüchtern oder modernistisch klingt, dem sei zum Schluß unserer Erörterung über die Frage, ob es Gott gebe, noch eine traditionelle Formulierung angeboten, die nicht nur hochberühmt, sondern in ihrer Art auch unübertrefflich ist. Es handelt sich um MARTIN LUTHERS Erklärung zum ersten Gebot in seinem *Großen Katechismus*, wo er auf die Frage „Was heißt ein Gott haben oder was ist Gott?" antwortet: „Ein Gott heißet das, dazu man sich versehen soll alles Guten und Zuflucht haben in allen Nöten. Also daß ein Gott haben nichts anders ist, denn ihm von Herzen trauen und gläuben ... Ist der Glaube und

---

[5] H. GREWEL, ebd. S. 16 f.

Vertrauen recht, so ist auch Dein Gott recht, und wiederümb, wo das Vertrauen falsch und unrecht ist, da ist auch der rechte Gott nicht. Denn die zwei gehören zusammen (Text: zuhaufe), Glaube und Gott. Worauf Du nu (sage ich) Dein Herz hängest und verlässest, das ist eigentlich Dein Gott".[6]

Haben wir uns in die etwas ungewohnte Sprachform dieser Sätze hineingehört, so können wir schnell feststellen, daß die von uns herausgestellten Maßgaben der Existenzbezogenheit und Letztgültigkeit in Luthers Gottesdefinition voll und ganz eingefangen und eingegangen sind. Kein Wort über Gott an sich; über Vertrauen und Glauben sind Gott und der von Gott betroffene Mensch unabdingbar und mit letztgültigem Anspruch fest miteinander verbunden, aneinander gekoppelt. Kriterium für den rechten Gott ist das rechte Vertrauen, ist unbegrenztes, letztgültiges Vertrauen, das man nur Gott, niemals aber einer endlichen Autorität – sei es nun die Partei, die Nation, die Kirche, die Karriere, das Geld, die Wissenschaft oder wie die Götzen unserer Zeit und unseres Lebens auch immer heißen mögen – entgegenbringen kann! „Gott ist das, dazu man sich versehen soll alles Guten und Zuflucht haben in allen Nöten". Im Unterschied zu den anderen bisher angebotenen offener formulierten Gottesdefinitionen wird Gott hier bereits eindeutig positiv ausgesagt: *Gott* als *Grund und Möglichkeit unbegrenzten Vertrauens*. Eine höchst akzeptable, ja ungemein lebensförderliche Gottesdefinition, die Luther uns hier anbietet; in sie ist bereits die spezifische Gottesbotschaft des Evangeliums miteingegangen, bzw. sie ist konvergierend aufgeschlossen für diese Botschaft. Letzteres ist vielleicht richtiger gesagt; denn ich bin der Überzeugung – und werde das auch im übernächsten Abschnitt demonstrieren –, daß auch das Verständnis Gottes als Grund und Möglichkeit unbegrenzten Vertrauens an unserer Wirklichkeit nicht ohne Anhalt ist und über die Beschäftigung mit dem menschlichen/zwischenmenschlichen Vertrauensphänomen ein Stück weit verifiziert werden kann.

---

[6] In: Die Bekenntnisschriften der evangelisch-lutherischen Kirche, S. 560; vgl. G. KRUHÖFFER, Grundlinien des Glaubens, S. 41 f.

2. Von Gott in Bildern reden

Unserem bisherigen Ergebnis, daß Gott auf der Ebene des „Es gibt" nicht angemessen auszusagen ist, sondern im Bereich existentieller Sprache und Wirklichkeitserfahrung angesiedelt werden muß, entspricht als weitere Maßgabe, daß wir *von Gott nur bildhaft*, nur in Zeichen, Bildern und Symbolen *reden* können. Das scheint zunächst dem alttestamentlichen *Bilderverbot* zu widersprechen, wonach es streng und strikt heißt „Du sollst dir von Gott kein Bild oder Gleichnis machen!" (2. Mose 20,4 – für Reformierte das 2. Gebot!). Im Judentum führte das schließlich dahin, daß der Name Gottes überhaupt nicht mehr ausgesprochen werden durfte; in der Geschichte der christlichen Theologie entwickelte sich daraus die sog. „theologia negativa", die über Gott nur noch auszusagen wagt, was er nicht ist. Die Folge solcher Theologie ist die totale Abstraktheit im Reden von Gott, die jedes existentielle Verhältnis zu Gott als einem konkreten Gegenüber, dem man vertrauen kann, unmöglich macht. So kann das Bilderverbot des Dekalogs kaum verstanden werden; dem steht allein schon der biblische Befund diametral entgegen, der ein großes Repertoire an prallen anthropomorphen Bildern und Vorstellungen von Gott aufweist und anbietet. Das Verbot untersagt uns deshalb keineswegs, von Gott in Bildern zu reden, ihn uns bildhaft vorzustellen; sehr wohl verbietet es uns aber, diese Bilder, in denen wir von Gott reden, mit der Wirklichkeit Gottes zu identifizieren. Wir wären damit sofort wieder dem gegenständlichen und vergegenständlichenden Denken von Gott verfallen; würden uns Gott begrifflich verfügbar zu machen suchen, ihn zum Götzen denaturieren und ihn damit verlieren. Dagegen schreitet das Bilderverbot ein und verordnet all unserem Reden von Gott einen grundsätzlichen Vorbehalt: Es steht – bildlich gesprochen – immer in einer Klammer, vor der steht: Gott ist mehr/Gott ist anders! Mehr und anders, als du ihn mit deinen begrifflichen und sprachlichen Mitteln aussagen kannst. Gottes Wirklichkeit sprengt im letzten jede Begrifflichkeit, übersteigt die Möglichkeiten unserer Sprache und unseres Denkens. Deshalb ist unser Reden von Gott stets vorbehaltliches Reden; es kann „nur im Verweis geschehen, in Zeichen, Bildern, Symbolen, die auf die gemeinte Wirklichkeit hindeuten, sie umschreiben, aber nicht begreifen können. Alles Reden von Gott ist bildhaftes

Reden, das seinem Gegenstand letztlich unangemessen bleibt",
auf das wir gleichwohl aber nicht verzichten können.[7]

Schauen wir uns – unter ständiger Beachtung dieses Vorbe-
halts des „mehr und anders" – die von der Bibel oder auch von
uns verwendeten Gottesbilder in ihrer Vielfalt und Vielgestaltig-
keit einmal etwas näher an, so müssen wir feststellen, daß unter
ihnen das *anthropomorphe Bild*, die menschen-förmige Rede
von Gott eindeutig dominiert. Von den ersten Seiten der Bibel,
wo Gott als Spaziergänger im Garten Eden dargestellt wird
(1. Mose 3,8), bis ins Neue Testament und Jesu Gottesverkündigung werden Gott, seine Regungen und Eigenschaften, teils
geradezu anfechtend massiv anthropomorph vorgestellt. Das
brachte dem Christentum von seiten Feuerbachs bekanntlich den
Vorwurf ein, sein Gottesglaube sei nichts anderes als die Projektion eigener Wünsche an den Himmel: Nicht Gott habe den
Menschen nach seinem Bilde geschaffen, sondern umgekehrt
hätten die Menschen Gott nach ihren Bildern geschaffen. Daran
ist sicher richtig, daß jedes Gottesbild „eine Vielfalt menschlicher
Züge" widerspiegelt. „Immer fällt der Schatten des Menschen
mit auf das Bild, das er von Gott entwirft". Das ist unvermeidlich
und muß uns sensibel machen einerseits gegenüber der immer
drohenden Gefahr, daß sich unsere menschlichen, menschenför-
migen Vorstellungen von Gott vor Gott stellen, gewissermaßen
zu fixen Vorstellungen werden und damit den Blick auf ihn
verstellen, zum anderen aber auch sensibel machen für die Notwendigkeit und Chance solcher Anthropomorphismen in unseren Vorstellungen von Gott. Wie können und sollen wir denn
unsere Erfahrungen mit Gott anders oder besser zum Ausdruck
bringen als „in Analogie zu unseren zwischenmenschlichen Beziehungen"? „Was beispielsweise ‚Liebe Gottes' heißt, müssen
wir, wenn wir überhaupt verständlich davon reden wollen, wenigstens im ersten Schritt, am Modell der Begegnung zwischen
zwei Menschen anschaulich machen".[8] Solche anthropomorphe
Rede und Analogie, die unter unserem Vorbehalt des „mehr und
anders" immer nur als „gebrochene Analogie" (Grewel) anzusehen ist, will „Gott keineswegs einfach vermenschlichen". Viel-

---

[7] H. GREWEL, Christentum – was ist das?, S. 24; vgl. auch H. ZAHRNT, Gott
kann nicht sterben, S. 83 ff.

[8] H. ZAHRNT, Gott kann nicht sterben, S. 85.

mehr wollen die alt- und neutestamentlichen Anthropomorphismen „Gott als Lebendigen dem Menschen nahebringen. Sie wollen echt menschliches Empfinden, Denken, Wollen Gott gegenüber ansprechen und erhalten. Sie wollen echt menschliches Hören, Antworten, Fragen, Vertrauen, Gehorchen, Beten, Loben, Danken herausfordern. Philosophisch abstrakte Bestimmungen des göttlichen Wesens (einschließlich der von uns oben versuchten Gottesdefinitionen! R. L.) lassen den Menschen kalt. Es muß das göttliche Sein in seiner leidenschaftlichen Bewegtheit ins Bewußtsein treten, damit der Mensch seinem Gott so intensiv und konkret wie einem Menschen begegnet: einem Angesicht, das uns aufleuchtet, einer Hand, die uns führt. Welche vornehmeren, größeren, tieferen Bilder, Chiffren, Symbole, Vorstellungen, Begriffe aber hätte der Mensch zu seiner Verfügung, um sich . . . an Gott heranzutasten, als eben menschliche? Nur so erscheint Gott mehr denn als nur die letzte Ursache alles Geschehens, nämlich als eine Macht, die den Menschen in seiner ganzen konkreten Wirklichkeit bestimmt".[9]

Lassen wir das konkret werden an der für den christlichen Glauben zentralen anthropomorph-bildhaften Vorstellung von *Gott als Vater*. Was spielt sich denn ab, wenn wir unseren Kindern und Schülern von Gott im Bilde des Vaters erzählen? Selbstverständlich tauchen bei ihnen zuerst all jene angenehmen oder unangenehmen Erfahrungen auf, die sie je in ihren spezifischen Lebenssituationen mit ihrem eigenen Vater gemacht haben. Stets sind diese Individualerfahrungen auch gesellschaftlich geprägt; je nach dem Rollenverständnis, das der Vater pflegt und auf seine Kinder und Familie überträgt. Es bedarf zunächst keiner allzu großen Sensibilität, um bei der Vielfalt je unterschiedlicher Vatererfahrungen der oben apostrophierten Gefahr ansichtig zu werden, daß solche Erfahrungen den Blick auf Gott verstellen können. Erinnert sei in dieser Beziehung nur an das erschütternde, 1976 erschienene Buch von Tilman Moser mit dem bezeichnenden Titel „Gottesvergiftung", das von der Zerstörung des Gottesglaubens durch tyrannisch-gesetzliche Vatererfahrungen und Erziehungsmaßnahmen handelt. Dahinter stand natürlich ein durch und durch patriarchalisch-despotisches Rollenverständnis, das zugegebenermaßen über Jahrhunderte hinweg von der Kir-

---

[9] H. Küng, Christ sein, S. 298 f.

che vertreten wurde und auch heute noch allenthalben anzutreffen ist. Dagegen – gegen solche Verabsolutierung und Fest-
schreibung eines geschichtlich relativen und gesellschaftlich
wandelbaren Rollenverständnisses – wandten sich mit Recht
ideologiekritische Proteste, die zum Teil so weit gingen, daß sie
forderten, auf den Vaternamen Gottes ganz zu verzichten. Das
entspreche dem gesellschaftlichen Strukturwandel von der pa-
triarchalischen zur partnerschaftlichen Familie, fördere die Ver-
änderung gesellschaftlicher Herrschaftsverhältnisse und erleich-
tere die Überführung der christlichen Gottesverkündigung in
eine zeitgemäße Bild- und Sprachgestalt. Vehemente Unterstüt-
zung erfuhr dieser Protest im Zeitalter der Frauenemanzipation
von der feministischen Theologie. Ist es denn so selbstverständlich, daß die geschlechtliche Differenzierung auf Gott übertragen
wird? Ist Gott denn ein Mann, maskulin, viril? Müßte er nicht viel
eher „mütterlich" ausgesagt werden? Die Vaterbezeichnung
Gottes erscheint auch hier „gesellschaftlich bedingt, geprägt von
einer männerorientierten Gesellschft" und darin häufig miß-
braucht „zur religiösen Begründung eines gesellschaftlichen Pa-
ternalismus auf Kosten der Frau und insbesondere zur perma-
nenten Unterdrückung des Weiblichen in der Kirche".[10]
So berechtigt diese Bildkritik im einzelnen auch ist und so
sensibel wir gegenüber der mißbräuchlichen Verwendung von
Gottesbildern auch immer sein müssen, so rechtfertigt das doch
in keiner Weise einen Verzicht auf anthropomorphe Bilder von
Gott überhaupt. Was von ihrer Notwendigkeit für den Gottesglauben oben gesagt wurde, gilt weiterhin uneingeschränkt. Nur
gilt es dabei, stets und unbedingt zu beachten, daß die bildhafte
Rede von Gott niemals eine ungebrochene Übertragung meint,
sondern immer in gebrochener Analogie zu verstehen ist. Auf
den feministischen Einwand gegen die Vaterbezeichnung Gottes
bezogen, heißt das dann nach Küng: Sie „wird nur dann nicht
mißverstanden, wenn sie nicht im Gegensatz zu ‚Mutter', sondern symbolisch (analog) verstanden wird: ‚Vater' als patriarcha-
lisches Symbol – mit auch matriarchalischen Zügen – für eine
trans-humane, trans-sexuelle letzte Wirklichkeit".[11] Oder einfa-
cher mit Zahrnt im Anschluß an 1. Mose 1,26 f. gesagt: „In Gott

---

[10] H. Küng, Christ sein, S. 300.
[11] Ebd.

ist beides – Mann und Frau", er ist „sowohl ‚unser Vater' als auch ‚unsere Mutter'".[12]

Aber noch einmal zurück zum Vaterbild: Daß seine Anwendung auf Gott nicht so verstanden werden will, als könnte jeder seine spezifischen Vatererfahrungen und gesellschaftlich bedingten Rollenerwartungen ungebrochen auf Gott übertragen, dürfte inzwischen hinreichend klar geworden sein. Fragt sich nur, welche Vatererfahrungen denn nun in das Bild vom Gott-Vater eingehen sollen, bzw. welche man in ihm wiederfinden soll. Hier geht es offensichtlich nicht ohne inhaltliche Auswahlentscheidungen und maßgebliche Schwerpunktsetzungen ab, die dem jeweiligen Gottesbild seine unverwechselbaren Konturen verleihen. Christen sind hier an die Bibel verwiesen oder noch genauer: an die Gottesverkündigung Jesu und das NT, wo das Gott-Vater-Bild eine zentrale Rolle spielt (Im AT wird Gott 17mal, im NT 170mal „Vater" genannt).

Dabei ist es besonders beachtenswert, weil so noch nie dagewesen, daß Jesus Gott mit der aramäischen Form „Abba" angeredet hat. Das aber ist ein Wort, das unserem kindlichen „Papa" entspricht; es meint den liebenden Vater, dem man sich in kindlichem Vertrauen nähern darf, der sich um seine Kinder sorgt, wie der Vater in dem berühmten Gleichnis vom verlorenen Sohn (oder vom gütigen, entgegenkommenden Vater – Lk 15,10–24). Genau darin aber liegt die entscheidende Spitze, das ungemein befreiende, gleichzeitig aber auch höchst provozierende Neue der von Jesus verkündigten und gelebten Vorstellung von Gott. Er „stellt Gott ganz ausdrücklich als Vater des ‚verlorenen Sohnes', als den *Vater der Verlorenen* hin", der Zöllner und Sünder, der Kranken und Ausgestoßenen, der Verachteten und Verzweifelten. „Dieser Vater-Gott will kein Gott sein, wie ihn Marx, Nietzsche und Freud fürchteten, der dem Menschen von Kind auf Ängste und Schuldgefühle einjagt, ihn moralisierend ständig verfolgt, und der so tatsächlich nur die Projektion anerzogener Ängste, menschlicher Herrschaft, Machtgier, Rechthaberei und Rachsucht ist . . . Nein, dieser Vater-Gott will ein Gott sein, der den Menschen als ein Gott der rettenden Liebe begegnet. Nicht der allzu männliche Willkür- oder Gesetzesgott. Nicht der Gott geschaffen nach dem Bilde der Könige und Tyrannen, der Hierar-

---

12 H. Zahrnt, Warum ich glaube, S. 128.

chen und Schulmeister. Sondern der – wie schade um das so verniedlichte große Wort – *liebe Gott*, der sich mit den Menschen, ihren Nöten und Hoffnungen solidarisiert" und sich der Verlorenen aller Art liebevoll annimmt.[13] Dieses Gottesbild läßt sich nicht als Projektion abqualifizieren, die lediglich dazu dient, irdische Vater- und Herrschaftsverhältnisse zu verklären. Es liegt vielmehr quer zu allen Projektionshypothesen! Zwar greift Jesus „unter den vielen menschlichen Vatererfahrungen einen Zug heraus, auf den ihm alles ankam: den des liebenden Vaters", gleichzeitig aber überspitzt, übersteigt und bricht er diesen menschlichen Zug des Vaterbildes in Richtung auf das Anderssein Gottes. Auch dieser Vater-Gott ist anders; er geht nicht auf in unseren menschlichen Vorstellungen, in unseren Vatererfahrungen und Rollenerwartungen. Diese werden vielmehr kritisch konzentriert und transzendiert auf das Bild Gottes als des liebenden Vaters der Verlorenen und erfahren dabei in letzter Konsequenz einen korrektiven Rückschlag von dem Gott-Vater-Bild her. Dieses schlägt auf uns Väter zurück und beeinflußt unser Verhalten gegenüber unseren Kindern. Wenn diese uns jetzt „Papa" oder „Papi" rufen, dann müssen wir uns messen lassen „an dem Bilde des ‚größeren Vaters', das als Urbild jetzt auf die Gestalt der Vaterrolle unter den Menschen ausstrahlt".[14] Damit kann es fragend und verändernd auf unser Rollenverständnis und unsere Rollengestaltung zurückwirken.

3. Verifikationen des Gottesglaubens

Mit unseren Ausführungen über das Gott-Vater-Bild sind wir bereits bis in den Kernbereich christlichen Gottesglaubens vorgedrungen. Obwohl wir damit unseren Überlegungen weit vorausgeeilt sind, kann uns im Zusammenhang mit dem Verifikationsanliegen, das uns in diesem Abschnitt beschäftigen soll, gerade an diesen Ausführungen eine fundamental wichtige Einsicht aufgehen: Die spezifisch christliche Bildrede von Gott als dem liebenden Vater, der das Verlorene sucht, läßt sich im letzten an der

---

[13] H. Küng, Christ sein, S. 302.
[14] H. Grewel, Christentum – was ist das?, S. 26.

von uns erfahrbaren Lebens- und Weltwirklichkeit nicht allgemeinzugänglich und allgemeingültig verifizieren. Da gibt es ein inhaltliches Mehr und Anders, ein Überschießendes, das unseren Erfahrungshorizont übersteigt und gewissermaßen etwas Ungeschuldetes und Überraschendes einbringt. Das muß man sich gesagt sein lassen, das bietet die christliche Botschaft an; man kann es annehmen oder ablehnen, man kann es damit versuchen und sich dann anhand der positiven oder negativen Folgewirkungen entscheiden. All das geht; was nicht geht, ist das Begehen eines Verifikationswegs, der bruchlos von der jedermann zugänglichen Welterfahrung zur christlichen Gotteserfahrung hinaufführt. Das muß ein für allemal klar sein, wenn wir jetzt und im folgenden unser *Programm der Verifikation* erproben: Es will und kann weder eine Neuauflage der traditionellen Gottesbeweise liefern, noch will und kann es zur spezifisch christlichen Gottesoffenbarung führen. Was das Programm der Verifikation dagegen will und versucht, ist die Bewahrheitung und Bewährung unseres Redens von Gott an der uns umgebenden und von uns erfahrenen Lebens- und Weltwirklichkeit. Das bedeutet, daß wir diese unsere Wirklichkeit hinterfragen müssen nach „Anknüpfungspunkten für die Vermittlung christlicher Gotteserfahrung"; wir müssen gewissermaßen in den Strukturen unserer gegenwärtigen Welt- und Lebenserfahrung nach „Zeichen der Transzendenz" oder, wie es der amerikanische Soziologe Peter L. Berger ausdrückt, nach „Spuren der Engel" suchen. *Transzendenz* meint hier eine Dimension der uns umgebenden Wirklichkeit, die dieseWirklichkeit des sichtbar Vorhandenen übersteigt und überschreitet (transcendere!) und darin verweist auf eine tiefere, andere, im Vorhandenen nicht voll aufgehende Wirklichkeit. Diese in der von uns erfahrbaren Welt angesiedelten „Spuren der Transzendenz" gilt es in einer Art „theologischer Spurensuche und -sicherung" ausfindig zu machen, um an ihnen und über sie das Reden von Gott dem modernen Menschen zu verifizieren und verständlich zu machen. Das schafft eine Art „Resonanzboden" für die Aufnahme der christlichen Gottesbotschaft und schenkt Anknüpfungspunkte und Verweismöglichkeiten in Richtung auf so etwas wie Gott. Uns selbst sollte dieses Programm der Verifikation animieren, in unserem alltäglichen Leben für „Zeichen und Lichtpunkte von Transzendenz" (E. Schillebeeckx) aufgeschlossen zu sein und sensibel zu werden, um auf diese Weise selbst entsprechende Erfahrungen zu machen und zu entdek-ken.[15]

Wir wollen unser theologisches Verifikationsprogramm, das in den nächsten Kapiteln an symbolischen Einzelaussagen des christlichen Gottesglaubens wie Schöpfung, Fall und Rechtferti-gung zur Anwendung gebracht werden soll, hier eröffnen, indem wir zunächst noch einen Schritt weiter zurückgehen und ganz grundsätzlich fragen: *Wie kommen eigentlich bis heute Menschen dazu, überhaupt so etwas wie Gott anzunehmen?* Was hat sie, vom Neandertaler bis auf uns heute und quer durch alle Völker (ethnologischer Gottesbeweis) veranlaßt, eigentlich nie ganz oh-ne die „Arbeitshypothese" Gott auszukommen? Die Antwort haben wir oben bereits vorgezeichnet: Offensichtlich gibt es in der Welt- und Lebenswirklichkeit der Menschen tatsächlich Spu-ren der Transzendenz, transzendierende Grunderfahrungen, wel-che die Annahme von so etwas wie Gott nahelegen. *Drei* solcher *Grunderfahrungen* wollen wir an dieser Stelle etwas näher in Augenschein nehmen: Da ist einmal die jedermann zugängliche und aufweisbare Grunderfahrung der *Begrenztheit und Unverfüg-barkeit* menschlichen Daseins, von der Schleiermacher als dem „Gefühl schlechthinniger Abhängigkeit" spricht. Beinahe schon klassisch zu nennende „Belege" dafür sind die fundamentalen menschlichen Grenzsituationen von Geburt, Krankheit und Tod, die dem Menschen unwiderlegbar die unverfügbare Abhängig-keit, Ungesichertheit und Begrenztheit seines Lebens vor Augen führen und ihn mit ständiger Sorge um das Morgen und die Zukunft erfüllen und umtreiben. „Der Mensch wird in Anspruch genommen vom Besorgen, Beschaffen, Bereitstellen der Lebens-mittel. Und er weiß doch im Grunde, daß er mit den Lebensmit-teln (und allen Versicherungen, die er abgeschlossen hat, R. L.) das Leben nicht sichern kann. Jeder versteht die Geschichte vom reichen Kornbauern (Lk 12,13 ff.), der seine Scheunen mit der reichen Ernte füllen und dann zu seiner Seele sagen wollte: ,Liebe Seele, du hast viele Güter, bereit für viele Jahre. Ruhe nun aus, iß und trink und sei guter Dinge!' Gott aber sprach zu ihm: ,Du Narr! Heute Nacht nimmt man deine Seele von dir, und wem

---

[15] H. ZAHRNT, Warum ich glaube, S. 218 ff.; vgl. außerdem E. SCHILLE-BEECKX, Glaubensinterpretation, S. 107 ff.

wird gehören, was du bereitet hast?"[16] – Ich glaube, jeder versteht, daß der Bauer ein Narr war. Er wollte in vermeintlich souveräner Selbstsicherung und Selbstbestimmung nicht wahrhaben, daß er sein Leben im letzten nicht in der Hand hat, über seine Zukunft nicht verfügen kann, sondern mit seinem Dasein stets und ständig einer letzten Ungesichertheit, Unverfügbarkeit und Begrenztheit ausgeliefert ist. Das ist zweifelsohne eine uns allen zugängliche Erfahrung, die zugleich transzendierende Verweise in Richtung auf so etwas wie Gott enthält. Gott wäre danach etwa „jene dunkle Macht, die dem Menschen seine Grenze setzt, die über ihn verfügt, auch wenn er über sich zu verfügen meint".[17]

Eine weitere Erfahrung, die transzendierendes Denken und Vorstellen anstoßen kann, ist die Beobachtung, daß menschliches Dasein immer auch ein *Dasein unter dem Gesetz* ist. Jeder Mensch ist eingebunden in eine bestimmte Geschichte und umschlossen von einer bestimmten Welt mit je spezifischen Notwendigkeiten und Ansprüchen, denen er ausgesetzt ist und denen er genügen soll. Insofern steckt in jeder Situation menschlichen Lebens zugleich der Zwang eines „so und nicht anders ist es" (Zwang der Verhältnisse!) und die Forderung eines „Du sollst". Das genau ist gemeint, wenn wir von der menschlichen Grunderfahrung des „Unter dem Gesetz sein" sprechen. Anders ausgedrückt erfährt der Mensch „unter dem Gesetz" sich lebenslang als in die Pflicht genommen! Sein Dasein ist beherrscht und umgetrieben davon; ist bestimmt vom Wissen und Kampf um die Pflicht, in dem es dann immer wieder darum geht, sich selbst zu überwinden, dem Ruf des „Du sollst" gegen die inneren und äußeren Widersätzlichkeiten und Widerstände zu folgen. Hier wird dieses Wissen zur Erfahrung des Gewissens, das zur Pflicht aufruft, das „zurückruft aus Leichtsinn und Verlorenheit an den Alltag", das „ein ‚schuldig' spricht über vertane Zeit und verlorene Gelegenheit", über mißgünstige „Gedanken und gemeine Handlungen".[18] *Verantwortlichkeit* als Grundzug menschlicher Existenz verlangt also von uns im ständigen „Du sollst" Antworten auf Sachzwänge und Situationsansprüche, auf Pflichten, Ge-

---

[16] R. BULTMANN, Die Krisis des Glaubens, S. 3.
[17] Ebd.
[18] Ebd., S. 4.

wissensrufe und Schuldzuweisungen. Solche Erfahrungen verantwortlicher Existenz, die das Menschsein von Grund auf bestimmen und denen sich letztlich niemand entziehen kann, können als Spurenelemente und Fingerzeige von Transzendenz in unserer Weltimmanenz angesehen werden und Menschen dazu veranlassen, an so etwas wie Gott zu glauben. *Gott* wäre dann jene dunkle Macht, die den Menschen im ständigen „Du sollst" seines Lebens und Arbeitens in Pflicht nimmt und zur *Verantwortung* ruft.

Nach der Beschäftigung mit den transzendierenden Grunderfahrungen der Begrenztheit, Unverfügbarkeit und Verantwortlichkeit menschlichen Daseins wollen wir uns in einem dritten Verifikationsgang mit einem Erfahrungskomplex auseinandersetzen, in dem etwas grundlegend Positives zum Verweis auf Gott wird. Ich denke dabei an das für menschliches Leben im wahrsten Sinne des Wortes fundamentale *Widerfahrnis des Vertrauens*, eines weithin unbewußten Vertrauens, aus dem heraus jeder – auch der moderne, angeblich so gottlose Mensch – im letzten lebt und handelt. Schauen wir nur, wie „die Menschen Morgen für Morgen wieder treu an ihre Arbeit gehen", wie sie sich mit ihrem Fahrrad oder Auto ins Verkehrsgewühl trauen, „wie sie nach zwei Weltkriegen innerhalb einer Generation fast selbstverständlich das Zerstörte wiederaufgebaut haben, wie sie in Vietnam", Kambodscha und immer wieder im Libanon ihre zerbombten Städte und verwüsteten Felder sogleich wieder instandsetzen, „wie sie mit höchstem Einsatz Großartiges leisten und ‚unsterbliche Werke' schaffen, obwohl sie doch wissen, daß am Ende der Tod und die Zerstörung stehen", wissen, daß jeden Augenblick unsere Welt vernichtet werden kann! Beachten wir das, so „kann einem schon die Frage kommen, was die Menschen eigentlich zu solchem Tun antreibt und ob sich darin nicht ein Vertrauen ausdrückt, das ihnen selber nicht bewußt ist", das aber ihr Leben und Arbeiten untergründig bestimmt und trägt.[19] Oder schauen wir uns unser menschliches Miteinanderleben an; beruht es nicht – besonders im engeren Kreis unserer Familie und Freundschaften – auf vorgängigem Vertrauen; ja, begegnen nicht auch wir unseren Arbeitskollegen normalerweise mit natürlichem Vertrauen und in der Erwartung, daß der andere unser

---

[19] H. ZAHRNT, Gott kann nicht sterben, S. 246.

Entgegenkommen und unsere vertrauliche Offenheit nicht miß-
braucht, sondern im Gegenteil unser Leben „in Obhut nehmen"
(Knud E. Løgstrup) wird. Woher solch vorgängiges Vertrauen?
Zweifellos, weil wir von erfahrenem Vertrauen immer schon her-
kommen, auch wenn uns das im einzelnen gar nicht bewußt ist.

Wir stoßen hier in unserer Lebenswirklichkeit auf ein Phänomen, an dem sich allgemein einsichtig *transzendierende Züge*
feststellen und entdecken lassen, Züge, die das sichtbarlich Vorhandene übersteigen und auf eine andere Wirklichkeitsdimension verweisen. Denn wo und wenn wir uns, wie aufgezeigt, „auf
Dinge oder Menschen verlassen, da richtet sich das Vertrauen
gerade auf etwas an ihnen, das noch nicht heraus ist. Daher liegt
in allem Vertrauen schon eine Überzeugung, daß Wirklichkeit
nicht nur in dem besteht, was sichtbar und greifbar vorhanden
oder herstellbar ist". Vielmehr rechnet das Vertrauen „in seiner
Offenheit, die über alles greifbar Vorhandene hinausgeht, . . .
immer schon auf noch unsichtbare und unverfügbare Wirklichkeit" und ist deshalb natürlich auch verletzlich und – wie der
Glaube – stets mit Zweifeln behaftet.[20] Vertrauen ist eben genauso wie die Liebe zwischen zwei Liebenden nicht objektiv
aufweisbar, meßbar, beweisbar und ist trotzdem eine aus unserer
Lebens- und Weltwirklichkeit nicht wegzudenkende mächtige,
existenzbestimmte Größe! Auf jeden Fall haben wir es beim
Vertrauensphänomen wie schon bei den Erfahrungen der Begrenztheit und Verantwortlichkeit menschlicher Existenz wiederum mit einer – man ist sogar versucht zu sagen: mit *der*
Grunderfahrung menschlichen Daseins zu tun, einer *Grunderfahrung*, die Leben als *Leben aus, in und auf Vertrauen* ansichtig
und bewußt werden läßt und es damit erschließt als transzendierendes Ferment unseres Wirklichkeitserlebens.

Vertrauen entpuppt sich also gewissermaßen als Grundvertrauen oder, wie es in Anschluß an Erik H. Erikson in der psycho-
analytischen Forschung gerne heißt, als „Urvertrauen", ein Phänomen menschlichen Daseins, das nicht nur die Psychologie
außerordentlich interessiert, sondern auch religionspädagogisch
hoch relevant ist. Es lohnt sich deshalb, die von uns angestrebte
Verifikation des Gottesglaubens auch von dieser Seite her noch
einmal anzugehen. Wir gehen dabei mit Peter L. Berger, dem wir

---

[20] W. Pannenberg, Das Glaubensbekenntnis, S. 14.

dieses Beispiel verdanken, von dem alltäglichen Vorgang aus, wie eine Mutter ihr ängstliches Kind tröstet und beruhigt: Ein kleines Kind erwacht nachts – „vielleicht aus schweren Träumen – und findet sich allein, von nächtlicher Dunkelheit umgeben, namenloser Angst ausgeliefert. Die vertrauten Umrisse der Wirklichkeit sind erwacht, ja unsichtbar. Chaos will hereinbrechen. Das Kind schreit nach der Mutter." Die Mutter kommt, nimmt das Kind auf den Arm, wiegt es, und schenkt ihm Schutz und Geborgenheit. Ein Licht wird entzündet; warmer, Sicherheit ausstrahlender Schein umgibt Mutter und Kind. Und dann spricht die Mutter zu ihrem Kind, vielleicht singt sie auch ein Schlummerlied. „Und der Grundtenor ist auf der ganzen Welt immer und immer derselbe: ,Hab keine Angst; alles ist in Ordnung; alles ist wieder gut'. Das Kind schluchzt vielleicht noch ein paarmal auf und gibt sich allmählich zufrieden. Sein Vertrauen zur Wirklichkeit ist zurückgewonnen, und in diesem Vertrauen kann es wieder einschlafen".[21] Belügt diese Mutter ihr Kind? Die Antwort kann nur dann uneingeschränkt ,Nein' lauten, wenn ein religiöses oder – in unserem Jargon – ein transzendierendes „Verständnis des menschlichen Daseins Wahrheit enthält". Ist das nicht der Fall, und behaupten wir, daß sich die Wirklichkeit völlig mit der natürlichen, empirisch faßbaren Wirklichkeit deckt, dann gibt es keinen Zweifel, dann lügt die Mutter. „Denn dann ist völlig selbstverständlich, daß nicht alles in Ordnung, daß nicht alles wieder gut ist. Die Welt, der zu trauen dem Kinde anempfohlen wird, ist eben die Welt, in der es sterben wird. Wenn es keine andere Welt geben sollte, so ist die letzte Wahrheit dieser Welt, daß sie Mutter und Kind tötet".[22] Das durch das Mutterwort „es ist alles in Ordnung" gegen diese so offensichtlich tödliche Unordnung unserer Welt und Wirklichkeit angesprochene Vertrauen ist im Grunde dasselbe Vertrauen, das unser alltägliches Leben, Handeln und Arbeiten mit all seinen zwischenmenschlichen Beziehungen letztendlich bestimmt und trägt. Es ist das Vertrauen, aus dem heraus vielleicht allein es zu verantworten ist, überhaupt Kinder in die Welt zu setzen mit der Maßgabe, sie dann auch aus, in und zu diesem Vertrauen zu erziehen. Wenn wir ehrlich sind, beruht also unser menschliches Leben ganz wesent-

---

21 P. L. BERGER, Auf den Spuren der Engel, S. 82.
22 P. L. BERGER. ebd., S. 84.

lich auf einem Grund- oder Urvertrauen, wonach unsere Welt-
und Lebenswirklichkeit in ihrem tiefsten Grunde geordnet und
vertrauenswürdig ist. Wenigstens leben wir in den meisten Fällen
so und repräsentieren dabei unseren Kindern gegenüber immer
auch ein Stück weit diese letztgültige vertrauenswürdige Ordnung, aus der auch unser „Mut zum Sein" sich speist. Unser
menschliches Dasein basiert somit unbewußt oder bewußt auf
einem vorgängigen „Vertrauensvotum": „Obwohl die Welt so
ist, wie sie ist, und ich selbst so bin, wie ich bin, das heißt trotz
aller Widersprüche und Enttäuschungen, die die Welt mir aufgibt
und bereitet, und trotz aller eigenen Verirrungen und Verfehlungen lebt in mir ein Grundvertrauen und nicht ein Grundmiß-
trauen".[23] Genau besehen und radikal gefragt, erfahre ich mich
bei all meinem Denken, Reden, Handeln und Zweifeln im letzten
und tiefsten als einen Menschen, der vertraut, der aus Vertrauen
lebt und liebt, der sich nicht das Leben nimmt.

Längst sind wir mit unseren existentiellen Überlegungen zum
Grundvertrauen an den Punkt gelangt, der den Überstieg zum
Gottesglauben nachgerade fordert, der uns verständlich machen
kann, wieso Menschen auf die Idee kommen können, an so
etwas wie Gott zu glauben. Es ist dieses vom Menschen erfahrbare und erfahrene Grundvertrauen, das als Anknüpfungspunkt,
Zeichen und Spur der Transzendenz das Reden von Gott existentiell zu verifizieren vermag. Das an und in unserer Lebenswirklichkeit erfahrbare Grundvertrauen verweist auf einen letzten
Grund des Vertrauens, der all unserem menschlichen Vertrauen
vorausliegt, es begründet, trägt und überhaupt erst ermöglicht.
Die Funktion der Vokabel „Gott" wäre es dann, auf diesen in der
Wirklichkeit selbst liegenden Grund des für den Menschen unab-
dingbaren Vertrauens zu verweisen. Entsprechend wäre *Gott* zu
definieren als *jene Macht, in der alles menschliche Vertrauen und
bejahende Leben im letzten und tiefsten gründet.*

Damit wären wir über den Weg der Verifikation wieder bei der
von uns oben formulierten Gottesdefinition „Gott als Grund
und Möglichkeit unbegrenzten Vertrauens" angelangt. Es dürfte
einsichtig geworden sein, daß diese uns von Luther angebotene
Gottesdefinition tatsächlich Anhalt an der uns umgebenden und
tangierenden Wirklichkeit hat. Ebenso wie unsere Erfahrungen

---

[23] H. ZAHRNT, Warum ich glaube, S. 199 f.

begrenzter und verantwortlicher Existenz können auch unsere Erfahrungen vertrauender Existenz erschlossen werden als transzendierender Verweis auf so etwas wie Gott hin. Gewichtiger Unterschied gegenüber den Transzendenzspuren der Begrenztheit und Verantwortlichkeit ist die eindeutig positive Füllung, welche die Vertrauenserfahrungen dem Gottesverhältnis vermitteln. Es bedarf nicht vielen Nachdenkens, um der Konvergenz und Aufgeschlossenheit dieses vertrauensverifizierten Verständnisses von so etwas wie Gott für das *spezifisch christliche Verständnis* von Gott gewahr zu werden: Jesu Gottesvorstellung vom liebenden Vater der Verlorenen kommt unserer existentiell verifizierten Vorstellung von einer Macht, in der unser Vertrauen letzthinnig gründet, wirklich entgegen. Anders die Transzendierungselemente der Begrenztheit und Verantwortlichkeit menschlichen Lebens: Sie sind zwar, wie wir noch sehen werden, auch Bestandteile christlicher Gottesvorstellung, machen aber nicht ihr Proprium aus und sind deshalb auch stets der kritischen Dominanz und Relativierung durch das christliche Gottvaterbild ausgesetzt. Doch dazu unten mehr! – Wir sind am Ende unseres exemplarischen Versuches angekommen, an besonders charakteristischen Grunderfahrungen menschlichen Daseins Fingerzeige und Spuren der Transzendenz zu entdecken. Vorrangig sollte daran deutlich und verständlich werden, warum bis heute Menschen an so etwas wie Gott glauben, warum sie nicht ohne ein besonderes Wort, nicht ohne den Namen „Gott" in ihrem Leben auskommen.

4. Gotteserfahrungen und -vorstellungen in der Kindheit

Unser eben gemachter Versuch, menschlichen Gottesglauben an den fundamentalanthropologischen Phänomenen der Begrenztheit, Verantwortlichkeit und des Vertrauens zu verifizieren, enthält außerordentlich wichtige religionspädagogische Implikationen und Konsequenzen. Ich halte es deshalb für sinnvoll, im Zuammenhang mit der Frage nach Aufbau und Entwicklung kindlichen Gottesglaubens bereits an dieser Stelle darauf einzugehen, auch wenn das zum Teil thematische Vorgriffe und exkursartige Erwägungen mit sich bringt.

Die drei von uns herausgestellten Verifikationselemente von

schlechthinniger Abhängigkeit, Urvertrauen und unbegrenztem Gefordertsein menschlicher Existenz haben ihren unvermeidlichen Wurzelgrund in den Anfängen frühkindlicher Sozialisation. Hier bereits können wichtige Weichen gestellt werden in Richtung auf die Art und Weise späteren Gottesglaubens oder Unglaubens. Kommt ein Kind zur Welt, so lebt es zunächst in völliger Abhängigkeit und Hilfsbedürftigkeit gleichsam noch so weiter wie im Mutterschoß. Immerhin: es lebt, hat Hunger, schreit und gibt Signale. Und irgend jemand – meist die Mutter – reagiert darauf und wird zur ersten Bezugsperson des Säuglings und zur Instanz, die seine Triebbedürfnisse erfüllt bzw. die Erfüllung versagt. Je nachdem wie das geschieht, erfährt das Kind sein Umgriffensein und seine „schlechthinnige Abhängigkeit" von der Mutter als ein Sich-geben oder Sich-versagen, als ein Fürsorgen oder Fordern. Das zeitigt natürlich Folgen nicht nur für das spätere Verhältnis des Kindes zur Welt, sondern auch für sein späteres Gottesverhältnis. Denn wie wir oben gesehen haben, sind ja gerade die totale Abhängigkeit und das unbedingte Umgriffensein, die der Säugling in der Bindung an seine Mutter erlebt, grundlegende Erfahrungen und Bestandteile jedweden Gottesglaubens, sei er nun christlich oder nicht. Sicher ist auf jeden Fall, „daß spätere Gottesbilder Züge dieses ersten Umgreifenden tragen", weshalb für eine positive religiöse Entwicklung viel darauf ankommt, welche Wertigkeit und affektive Füllung solche Umgriffenheit und Abhängigkeit erfährt.[24]

Hier ist nun der Ort, an dem psychologisch und religionspädagogisch das oben bereits angesprochene „Urvertrauen" ins Spiel kommen muß; jenes Vertrauen, das für uns in dem angeführten Mutterwort „Es ist alles in Ordnung" seinen sprechenden Ausdruck fand und findet. Damit dieses Urvertrauen beim Kind entwickelt und ausgebildet werden kann, kommt es darauf an, daß das kleine Kind während des ersten Lebensjahres eine zuverlässige affektive Zuwendung erfährt. Das heißt: Mit der Einfühlung in die kindlichen Bedürfnisse und deren Sättigung muß stets ein starker Gefühlsstrom von Liebe und absoluter Zuverlässigkeit verbunden sein. Liebevoll und zuverlässig sollte die Mutter/ der Vater bei Unlusterfahrungen des Kindes in Erscheinung tre-

---

[24] H.-J. FRAAS, Religiöse Erziehung und Sozialisation im Kindesalter, S. 93; vgl. zum Ganzen jetzt auch DERS., Die Religiosität des Menschen, S. 157–201.

ten, um sie zu beseitigen und um letztendlich, wie in unserem Beispiel, für das Kind jederzeit als Refugium verfügbar sein zu können. Geschieht das überhaupt nicht, bzw. wird das vom Kind nicht erfahren, wächst Mißtrauen – Urmißtrauen, das es ebenso gibt wie Urvertrauen! Nur, wenn das beachtet wird, kann sich auf Dauer jener Grund herausbilden, auf dem und in dem es sich vertrauensvoll leben und lieben läßt. Dem Kind wird dadurch sozusagen der „„soziale Optimismus‘" vermittelt, „daß es sich in einer Welt befindet, in der es sich leben läßt".[25]

Gleichzeitig erfährt die frühkindliche Gegebenheit und Grunderfahrung der „schlechthinnigen Abhängigkeit" von der Mutter ihre positive Füllung durch das Urvertrauen und wird nicht etwa negativ durch Angst, Mißtrauen und Unzuverlässigkeit besetzt und beherrscht. Daß damit natürlich wiederum Folgen und Folgerungen für den Dispositionsbereich späteren Gottesglaubens gegeben sind, liegt auf der Hand, zumal dann, wenn man wie wir dem Vertrauen im Blick auf den christlichen Gottesglauben eindeutige Dominanz meint zuweisen zu müssen.

Religionspädagogisch gewendet und weitergedacht, sieht das dann so aus: In einer Zeit relativer Sprachlosigkeit und begrifflicher Dunkelheit macht das Kind in der Beziehung zu seinen Eltern seine grundlegenden Erfahrungen mit Liebe und Vertrauen und erwirbt eben das Urvertrauen, das im Prozeß erzieherischen Handelns transzendiert werden soll auf christliches *Gottvertrauen* hin. In diesem Sinne erweist sich die religionspädagogische Aufgabe gewissermaßen als *Transzendierungshilfe* vom Urvertrauen zum Gottvertrauen. Wichtiges Erfordernis dabei ist, daß diese Transzendierung nicht gleichsam vorkritisch und vorschnell zur Flucht vor und illusionären Vertuschung von widerstreitenden Realitäten und erfahrenen Frustrationen wird. Vielmehr muß sie gerade auch angesichts und trotz entgegenstehender Welterfahrungen vollzogen und gelernt werden: *Sehenden Auges vertrauen* – müßte hier der Slogan religionspädagogischer Zielsetzung lauten! Der herrliche *23. Psalm* meint nämlich genau das nicht, was eine böse „ ‚kindgemäße' Umdeutung" aus ihm macht: „Unter seinem sanften Stab geh ich aus und ein und hab unaussprechlich süße Weide, daß ich keinen Mangel leide; und so oft ich durstig bin, führt er mich zum

---

25 F. W. BARGHEER, Religiöse Familienerziehung, S. 392.

Brunnquell hin".[26] Hier wird ein naives unkritisches Vertrauen zu Gott vermittelt, das im letzten Gott dem Lustprinzip und konsumatorischen Erfüllungsdenken unterwirft und deshalb über kurz oder lang an den Enttäuschungserlebnissen des Kindes und Jugendlichen scheitern muß. Der 23. Psalm aber lautet in seinem 4. Vers: „Und ob (obwohl!) ich schon wanderte im finstern Tal, ich fürchte kein Unglück; denn du bist bei mir . . .". Das gilt es zu beachten; das intendierte *kritische Gottvertrauen* „ist nicht das Vertrauen auf das durch Gott garantierte Wohlergehen, sondern auf das auch im Nicht-Wohlergehen bestehende und sich bewährende Gottesverhältnis" im Sinne des Bonhoefferschen Verses „Von guten Mächten wunderbar geborgen, erwarten wir getrost, was kommen mag".[27] Dieses Fernziel kritischen Gottvertrauens gilt es bereits in der Elementarerziehung anzubahnen, schrittweise und behutsam: Dem Säugling widerfährt durch die vorbehaltlose Fürsorge und Liebe seiner Eltern *Urvertrauen* (1. Schritt); das Kleinstkind bewahrt und bewährt dieses auch bei Abwesenheit und Verweigerungen der Eltern ohne Vertrauensverlust als keimhaft *kritisches Urvertrauen* (2. Schritt); das Kleinkind erfährt und erlebt seine Eltern im Gebetsvollzug als *vertrauende Eltern,* als selbst aus Vertrauen lebende, auf Vertrauen angewiesene Eltern (3. Schritt); es ist im Mitbeten und wiederholenden Beten imitierend und identifizierend beteiligt am Transzendierungsprozeß vom zwischenmenschlichen Vertrauen zum *Gottvertrauen* (4. Schritt); mit dem 4./5. Lebensjahr tritt die fragend-gedankliche *Auseinandersetzung* mit dem Gott hinzu, dem man (angeblich) vertrauen kann und soll (5. Schritt); sie setzt sich in Kindergarten und Schule fort und führt je nach Erfahrungsbegleitung und -bewahrheitung zu einem existenzrelevanten und wirklichkeitsbewährten *Gottesverständnis* oder nicht.

Dieser so skizzierte, zentral am fundamentalanthropologischen Phänomen des Vertrauens orientierte religionspädagogische *Erziehungsgang* scheint mir dem Anliegen und Auftrag evangelischer Erziehung einzig angemessen; schließlich ist diese dem „Evangelischen" verpflichtet, das „radicaliter" wurzelt im Evangelium, in der Frohbotschaft von der in Jesus Christus er-

---

[26] Nach H.-J. Fraas, Religiöse Erziehung und Sozialisation im Kindesalter, S. 105.
[27] Ebd.

schienenen Liebe Gottes! Grundsubstanz und Grundtenor evangelischer Erziehung müssen deshalb stets positiv getönt, d. h. so geartet sein, daß sie im erzieherischen Vollzug Vertrauen, Liebe und Hoffnung aus sich heraus freisetzen können. In bezug auf das angestrebte Gottesverständnis verlangt das unabdingbar, daß Gott von den Kindern zunächst „als der Liebende, Leben spendende, Verheißende erfahren" werden muß,[28] ehe er ihnen im Sinne unseres Verifikationselements der Verantwortlichkeit als der Fordernde und Rechenschaft Verlangende in den Blick gebracht wird. Das müssen sich alle Eltern und Erzieher, in deren Erziehungsdenken und -handeln Gott eine Rolle spielt, in ihr Stammbuch schreiben lassen. Wird diese Reihenfolge nicht beachtet oder kommt gar Gott nur als der Gesetzesgott in den Blick, so kommt es zu den berüchtigten Fehlformen des Gottes, der alles sieht, der als „moralischer Babysitter" oder „himmlischer Wachhund" den unfähigen Eltern zur übermächtigen Erziehungshilfe wird. Wo Eltern einen solchen Alleseher Gott zum Zwecke pädagogischer Disziplinierung und Einschüchterung in den Herzen ihrer Kinder verankern, ist evangelische Erziehung ein für allemal sabotiert und kommt es im wahrsten Sinne des Wortes zur „Gottesvergiftung", wie sie Tilman Moser in seinem oben bereits erwähnten Buch so erschütternd geschildert hat. Bei ihm wie in unzähligen ähnlichen Fällen ist das vorgängige „Fürchte dich nicht" des biblischen Gottesglaubens von den Kindern nicht gehört und erfahren, von den Erwachsenen nicht gesagt und gelebt worden. Damit wird der Satz „Der liebe Gott sieht Dich und hat ein Auge auf Dich" von einer ich-stärkenden Frohbotschaft zu einer ich-schwächenden Schreckensnachricht, und wird die berechtigte Verantwortlichkeit des Menschen vor Gott und seinem Gebot losgelöst von ihrer konsequenten Bindung an die Vorgabe der bedingungslosen Bejahung durch Gott, wie sie die Taufe zeichenhaft vorabbildete!

Was in bezug auf die Entwicklung und den Aufbau kindlichen Gottesglaubens die *kognitive Komponente* anlangt, so hat sie im 2. und 3. Lebensjahr bei mehr oder weniger gedanklicher Beteiligung der angesprochenen Kinder erste erfahrungsdeutende Hinweise zu geben. Das erste Reden von Gott wird sich nach dem eben Gesagten „auf Hinweise beschränken, die Gottes Fürsorge

---

[28] H.-J. Fraas, ebd., S. 106.

verdeutlichen" und sie an der entsprechenden Haltung der Eltern verifizieren. Wenn das Kleinkind auf diese Weise ansatzweise spürt, „daß es nicht nur Vertrauen zu den Eltern haben darf, sondern daß die Eltern selbst in einer entsprechenden größeren, weitergreifenden Vertrauensbeziehung stehen", dann ist bei ersten kognitiven Akzentuierungen ein wichtiger Schritt auf dem oben vorgestellten religionspädagogischen Erziehungsweg gemacht.[29] Die erste gedankliche Auseinandersetzung der Kinder mit Gott kann beginnen.

Im *2./3. Lebensjahr* ist bei den meisten Kindern „Gott" als Wort schon da, vor allem, wenn das Kind Gebete hört und mitspricht. Die Vorstellung von Gott ist freilich noch völlig vage und insbesondere noch völlig fraglos. Das ändert sich im *Verlauf des 4./5. Lebensjahres*: Jetzt nimmt das Interesse für Gott erkennbar zu, und kommt es im engen Verbund mit den oben erwähnten Fragen nach dem Woher und Warum menschlichen/kindlichen Lebens zu den so reizvollen wie bekannten Kinderfragen über Gott, Himmel usw. Das sind „nicht etwa Zeichen für eine unsachgemäße Unterweisung", die man besser mit Schweigen übergeht, sondern das ist Ausdruck dafür, daß der Begriff ‚Gott' (auf seiten des Kindes) schon existiert und auf seine Brauchbarkeit hin ‚ausprobiert' wird. Es geht hier um „Vorformen des Gottesbildes", die von uns ganz ernst genommen werden wollen.[30] *Mami oder Papi, wie sieht Gott aus?* Wo wohnt der liebe Gott? Hat er Augen, die alles sehen können? Hat er Hände, die alles machen können? – Fragen, die so tatsächlich von den Kindern gestellt werden. Nehmen wir unter Erinnerung an das, was wir oben zum „Reden von Gott in Bildern" gesagt haben, eine Kinderfrage etwas genauer in Augenschein:

Papi, wie sieht Gott aus? Ist Gott größer als du? Ist Gott ein Mann? Kann man ihn nicht sehen? Dann ist er also eine Glasscheibe? Hier – und das gilt auch für die anderen Kinderfragen nach Gott – heißt es zunächst für die Eltern und später die Grundschullehrer, sich nicht in Verlegenheit bringen zu lassen. Denn sonst werden doch nur allzu häufig die alten kindertümelnden Antworten aus der eigenen Kindheit wiederholt, die man für sich selbst längst aufgegeben hat! Gerade in bezug auf Gott

---

[29] H.-J. FRAAS, ebd., S. 107.
[30] H. HUBERT, Religiöse Früherziehung, S. 120.

sollten wir den Kindern gegenüber nicht den Anschein erwekken, als wüßten wir so schrecklich genau über Gott Bescheid und hätten auf alle Fragen eine Antwort. In unserem speziellen Falle gibt es zunächst nur die Antwort: »Du, ich weiß auch nicht, wie Gott aussieht!« Damit würde sich freilich ein normal aufgeweckter Vier- oder Fünfjähriger garantiert nicht zufriedengeben; eine positive Fortsetzung der ignoranten Antwort ist didaktisch vonnöten! Vielleicht so: „. . ., aber ich weiß, wie Gott zu mir ist. Das hat uns Jesus von Gott gesagt. Gott mag uns, er hat uns unser Leben geschenkt und schützt es, ohne daß wir ihn sehen. Da ist er wirklich ein bißchen wie eine Glasscheibe: wir sehen sie nicht, aber sie schützt uns . . .". Andere Antworten sind möglich und vielleicht besser; sie sind jedenfalls stets abhängig von der jeweiligen Situation und Intuition bzw. Geistesgegenwart der Eltern und Lehrer. Es kann z. B. einige Tage später durchaus passieren, daß dasselbe Kind wieder in total menschenförmiger Vorstellung fragt: „Trinkt Gott auch Kaffee?" Das heißt, mit *einer* Antwort ist es nicht ein für allemal getan; bei neuen Fragen muß sie mehr oder weniger modifiziert wieder aufgenommen werden. Dabei ist es besonders bei den kindlichen Vorstellungen und Phantasiebildern vom Aussehen Gottes wichtig, daß sie bei aller Ernstnahme durch die Erzieher sich nicht zu lebenslangen Fixierungen, zu fixen Ideen von Gott, auswachsen, in denen menschliche Vorstellungen von Gott unbedacht mit Gott selbst identifiziert werden. Das kann verhindert werden, indem wir bei allen von den Kindern eingebrachten Gottesvorstellungen und unseren Äußerungen dazu stets den oben herausgestellten Vorbehalt „Gott ist anders und mehr" beachten und immer wieder auf den Vergleichscharakter, den Wie-Charakter all unserer menschlichen Gottesbilder abheben und ausdrücklich hinweisen. Nicht selten kommen uns dabei „die Kinder selbst zu Hilfe, indem sie in Vergleichen von Gott sprechen. Hier kündigt sich bei manchen Kindern schon sehr früh die Erkenntnis an, daß Gott nicht auf *einen* Begriff zu bringen, in *ein* Bild zu pressen ist".[31] Und darauf müssen wir langfristig hinarbeiten.

Versuchen wir unsere exkursartigen Ausführungen mit *sechs religionspädagogischen Empfehlungen* zum Problem „Mit Kindern von Gott reden" abzuschließen: *1.* Wie alles Reden von

---

[31] H. MAY, Religion im Kinderzimmer, S. 47.

Gott sollte auch unser Reden von Gott mit Kindern, will es auf Dauer wiklich haltungsrelevant werden, in ganzheitlicher Ausrichtung in und an menschlichen Erfahrungen begründet und bewahrheitet werden. Heißt es in der Frühphase der Sozialisation „Erfahrung vor Begriffen", so lautet vom 4./5. Lebensjahr an das didaktische Programm „Begriffe mit Erfahrungen". 2. Unser Reden von Gott sollte stets „überlegtes, verantwortetes und *ehrliches Reden*" sein.[32] Was wir davon Erwachsenen nicht sagen würden oder könnten, sollten wir auch den Kindern nicht sagen. 3. Vermittelte Gottesvorstellungen sollten, wenn möglich, in ihrem bildhaften *Vergleichscharakter* transparent (gemacht) werden und den Blick der Kinder offenlassen oder öffnen in Richtung auf die Andersartigkeit und Unfaßbarkeit Gottes 4. Angestrebt werden sollte der Aufbau einer „dynamischen Gottesvorstellung", die altersspezifische und situationsspezifische Eigenarten und Wandlungen der kindlichen Gottesbilder beachtet und sich vor bildhaften Fixierungen ebenso in acht nimmt wie vor nichtssagendem „aufgeklärten Purismus".[33] 5. Unser Reden mit Kindern über Gott sollte stets danach fragen, ob es nicht in den Jesusgeschichten, in Jesu Gottesverkündigung, in Jesus als dem „Bild Gottes" Anhalt und Vorstellungshilfe finden könnte. 6. Wir sollten unser Gott betreffendes Nichtwissen und Nichtverstehen vor den Kindern nicht verheimlichen oder gar vertuschen, sondern in solidarischem Ein- und Unverständnis mit ihnen die *Gottverborgenheiten* vertrauenssuchend aushalten.

5. Verantwortliches Reden von Gott im Religionsunterricht

Religionsunterrichtlich gesehen bedeutet die in jüngster Zeit forciert betriebene religionspädagogische Rezeption der entwicklungspsychologischen Forschung[34] zumindest insoweit eine Neuakzentuierung oder Blickausweitung, als neben den zen-

---

[32] R. Tschirch, Gott für Kinder, S. 33.

[33] Vgl. W.-E. Failing, Religiöse Sozialisation des Kleinkindes.

[34] Vgl. den guten Überblick über den derzeitigen Forschungsstand bei F. Schweitzer, Lebensgeschichte und Religion.

tralen didaktischen Aufgabenstellungen der Auswahl, Begründung und Zielreflexion die Frage nach dem „Wann", dem richtigen *Zeitpunkt der Vermittlung,* stärker beachtet wird. Mit Rudolf Englert gesprochen[35] geht es dabei um die „Pünktlichkeit religiöser Lernangebote im Sinne „einer gezielten glaubensgeschichtlichen Placierung religionspädagogischer Lernimpulse" („Kairologie"!). Hier kann es ein zu früh geben, wenn das Angebotene und Angestrebte – etwa eine völlig vergeistigte Gottesvorstellung in der Grundschule – noch nicht im Horizont der Kinder ist, aber auch ein zu spät, wenn es hinter dem lebensgeschichtlichen Fragen- und Interessenhorizont – etwa bei einer völlig unkritischen Behandlung der biblischen Gottesvorstellung in einer 7./8. Klasse – zurückbleibt. Besonders bei den Schülern der Orientierungsstufe mit ihren lebensgeschichtlich- und entwicklungsbedingten Unterschieden in den Gottesvorstellungen bedarf es erhöhter didaktischer Sensibilität für eine differenzierte Pünktlichkeitswahrnehmung, um durch innere Differenzierung und behutsame Korrektur und Öffnung eine möglichst *brucharme Überführung* der anthropomorphen Gottesvorstellungen in Richtung auf ein vergeistigt symbolisches Gottesverständnis zu gewährleisten.

Damit ist bereits die *Zielfrage und Zielsetzung* religionsunterrichtlicher Auseinandersetzung mit den Gottesvorstellungen der Kinder und Jugendlichen angesprochen. Wie oben bereits angedeutet, gehört es zu einer der fundamentalsten Aufgaben des Religionsunterrichts, „das Wort ‚Gott' (wirklich) verständlich zu machen; denn mit dem Wort ‚Gott' ist alles zusammengefaßt, was den Glauben ausmacht". Das gilt um so mehr, als „die Rede von Gott heute alles andere als selbstverständlich ist".[36] Diese Aufgabe ist dem Religionsunterricht vom ersten bis zum letzten Schuljahr gestellt, und sie hat jeweils möglichst „pünktlich" zu geschehen, d. h. unter Berücksichtigung der jeweiligen Verstehensvoraussetzungen und Entwicklungsstufen auf seiten der Schüler. Davon unbenommen enthält unsere didaktische Auseinandersetzung mit der Gottesfrage stets und ständig auch – gleichsam aufsteigend stufenhierarchisch – einen zielgerichteten

---

[35] R. ENGLERT, Glaubensgeschichte und Bildungsprozeß, S. 2.
[36] P. BIEHL, Zur Aufgabe eines verantwortlichen Redens von Gott im Religionsunterricht, S. 154.

Impetus hin zu einer vermeintlichen höchsten Stufe, die dann gleichsam so etwas wie den didaktischen Zielhorizont abgeben kann. Jeder Religionslehrer sollte eben ,um Gottes willen' bei seinen Schülern, wenn irgend möglich, ein massiv anthropomorphes Gottesverständnis überwinden helfen und einen Gottesglauben anbahnen, der sich nicht so leicht als überholter Kinderglaube abtun und abqualifizieren läßt. Ihre inhaltlichen Konturen bekommt die angestrebte Gottesvorstellung für einen evangelischen Religionsunterricht vom christlichen Gottesverständnis oder genauer: vom trinitarischen Gottesverständnis her – mit seiner Wurzel, dem Schöpfergott, seinem Stamm, der Gottesereignung in Jesus Christus, und seinen Zweigen und Blättern, dem gegenwärtig wirkenden Heiligen Geist. Im Ereignungsfeld des Evangeliums entspricht dem ein schlechthin lebens- und liebesförderlicher *Gottesglaube*. Dieser ist aber im letzten und ganzen menschlich unverfügbar und verleiht deshalb all unserem didaktischen und religionsunterrichtlichen Eifer und Bemühen im Umkreis der Gottesvorstellungen in gewissem Sinne den Charakter von Vorfeldarbeit. Das kann und soll uns auf der einen Seite entkrampfen und entlasten von zu hohen Ansprüchen an unser religionsdidaktisches Leistungsvermögen, enthält aber auf der anderen Seite nichtsdestotrotz für uns die Verpflichtung, dieses Vorfeld so gut wie möglich zu bearbeiten, damit es eventuell zum „Landeplatz" für den Heiligen Geist werden kann, der diesen vollen Gottesglauben ereignet. Dazu reicht es sicher nicht aus, wenn wir uns mit einer bloß kognitiven Auseinandersetzung mit den Gottesvorstellungen von Kindern, Jugendlichen und erwachsenen Christen begnügen. So wichtig und unverzichtbar das auch ist, so sollten wir doch, gleichsam als didaktisches Zielmaß, ein möglichst ganzheitliches Befaßtsein oder gar Erfaßtsein mit und vom christlichen Gottesglauben anstreben. Tun wir das, dann geht es religionsunterrichtlich nicht mehr nur um *Gottesvorstellungen,* sondern um *Gotteserfahrungen* und letztendlich um *Haltungen,* die als kontinuierliches Zusammenspiel von gedanklicher Durchdringung, affektiver Ichbeteiligung und Handlungsmotivation den umgreifenden Zielhorizont allen pädagogischen und religionspädagogischen Bemühens abgeben. In diesem Sinne wäre dann der Religionsunterricht für seinen Teil an der langfristigen und übergreifenden religionspädagogischen Aufgabe beteiligt, bei den Kindern Haltungen aufzubauen, die dem christlichen Gottesglauben entsprechen: Haltungen dankbarer Aufgeschlossenheit, des Vertrauens, der Liebe, der Lebenszuversicht und nicht zuletzt der grundständigen kritischen Parteinahme für das Leben und das Lieben in unserer Welt heute, hier und in der Zukunft. Daß dieses Ziel mit Aussicht auf Erfolg nur über eine konzertierte Aktion aller religionspädagogischen Arbeitsfelder von der Geburt bis zum Erwachsenenalter zu erreichen ist, ist eine Einsicht, die sich in der religions- und gemeindepädagogischen Theoriediskussion inzwischen durchgesetzt hat, der aber in der Praxis noch die vielfältigsten Hindernisse entgegenstehen.

Der so skizzierte religionspädagogische Zielhorizont enthält bezüglich der *Inhalte* der Gottesthematik bestimmte religionsdidaktische Maßgaben. Dazu gehört der oben bereits unüberhörbar eingeforderte *Erfahrungsbezug* für die religionsunterrichtliche Beschäftigung mit der Gottesfrage. Er kann ein Weg sein, auf dem der kognitiven Verengung, verkopften Einseitigkeit und Lebensferne schulischen Unterrichts wirksam begegnet werden kann. Didaktisch gesehen gibt es hier die unterschiedlichsten Möglichkeiten und Zugangsweisen, um im Bereich der Gottesfrage Erfahrungen – abgekürzt verstanden als gedeutete Erlebnisse – zu mobilisieren und aufzuspüren und, soweit möglich, das Reden von Gott an Erfahrungen unserer Wirklichkeit zu bewahrheiten. So kann man in der Grundschule etwa (*1.*) ausgehen von den kindlichen Gottesvorstellungen, von denen man sich auf vielerlei Weise Kenntnis verschaffen kann und sollte,[37] und in intensiver Beschäftigung mit ihnen gemeinsam danach fragen, was sich dahinter für Erlebnisse und Erfahrungen (des Ausgeliefertseins, der Abhängigkeit, des Gehorchenmüssens) verbergen, um dann eventuell kritisch überzuführen in einen biblischen Text, in dem diese beherrschende Macht als Liebe ausgelegt und erzählt wird. Oder man setzt in höheren Klassen (*2.*) – gleichsam in didaktischer Elementarisierung des oben zur Verifikation des Gottesglaubens Geäußerten – mit der Frage ein, wie denn überhaupt Menschen dazu kamen und kommen, an so etwas wie Gott zu glauben, und gelangt von da aus über mobilisierte Alltagserfahrungen der Schüler oder entsprechende Geschichten zu allgemein menschlichen Grunderfahrungen (der

---

[37] Vgl. Chr. Reents, Was wird aus dem Kinderglauben?, S. 10 ff.

Begrenztheit und Unverfügbarkeit des Lebens, der lebenslangen Verantwortlichkeit, des Vertrauens u.ä.m.), die transzendierend als Hinweis auf so etwas wie Gott, auf eine dunkle Macht, verstanden und gedeutet werden können. Evangelischer Religionsunterricht kann dabei freilich nicht stehen bleiben; sondern wird auch hier die spezifisch christlichen Erfahrungen mit den Grunderfahrungen, mit der erfahrungsmäßig verifizierten dunklen göttlichen Macht ins Gespräch bringen, in Konvergenz und Divergenz, als kritische Anfrage und entgegenkommendes Angebot. Schließlich kann man (3.) diesen Weg auch umgekehrt gehen, indem man seinen Ausgangspunkt von biblischen bzw. christlichen Glaubensgeschichten nimmt und sie mit dem Ziel, existentielle Beteiligung zu wecken, erfahrungsmäßig zu erschließen sucht: Welche Glaubenserfahrungen, welche Grunderfahrungen, welche Alltagserfahrungen verbergen sich in den Texten und Geschichten und wollen entdeckt werden?

III. Gott, der Schöpfer –
verdankte Existenz

Immer häufiger kann man heute der Auffassung begegnen, daß der Schöpfergott, der Gott der alttestamentlichen Schöpfungserzählung, zusammen mit dem Osterhasen und dem Weihnachtsmann doch wohl eigentlich in die „Requisitenkammer" des Kindermärchens gehöre. Das würde bedeuten, daß der Glaube an Gott den Schöpfer nur ein naiver Kinderglaube ist, der sich, sobald das Kind aus dem Märchenalter herausgewachsen ist und kritisch denken gelernt hat, gleichsam verwächst und sich von selbst erledigt. Wäre dem wirklich so – und manches, was man zu hören bekommt, spricht dafür –, so haben wir darin eine dringliche Anfrage an unseren Religionsunterricht zu sehen; einen Religionsunterricht, in dessen Lehrplänen die Auseinandersetzung mit den biblischen Schöpfungsgeschichten einen recht hohen Stellenwert hat. Wie kommt es, daß es trotz positiven Lehrplanbefundes offensichtlich nicht gelungen ist, dem Schöpfungsglauben zur lebensrelevanten Durchsetzung unter uns zu verhelfen? Aufgrund der Analyse von vorhandenen Unterrichtshilfen und -modellen scheint mir dafür ein Grund darin zu liegen, daß man es vorrangig bei der Beschäftigung mit den alttestamentlichen Schöpfungsberichten und, damit einhergehend, der Abwehr einschlägiger naturwissenschaftlicher und historischer Mißverständnisse beläßt. Unbenommen der Wichtigkeit dieser Arbeit – was durchgängig fehlt oder zu kurz kommt, ist die positive existentialdogmatische Füllung des Schöpfungsglaubens. In dieser Hinsicht sucht man nach Unterrichtsmodellen vergeblich, und es wird Zeit, daß hier Abhilfe geschaffen wird. Ein erster Schritt in diese Richtung sollen die nachfolgenden Ausführungen sein, die freilich auch nicht ohne einen biblischen Rekurs auskommen können.

1. Die biblischen Schöpfungsberichte

Neben den hymnisch angelegten Schöpfungspsalmen (8; 19,1–7; 104 u. 108) und den letzten Kapiteln des Hiobbuches (Kp. 38 ff.) sind es vor allem die beiden *Schöpfungsberichte* in den ersten zwei Kapiteln des AT, welche die Diskussion um den christlichen Schöpfungsglauben nachhaltig bestimmten und noch bestimmen. Kann man bei oberflächlichem Lesen noch meinen, es handele sich in 1. Mose 1 u. 2 um einen zusammenhängenden Bericht, so bestätigt bereits das eigene intensivere Studieren der Texte das unbestrittene Ergebnis historisch-kritischer Forschung: Es handelt sich hier unzweifelhaft um zwei Schöpfungsberichte, die zu unterschiedlichen Zeiten entstanden sind und verschiedenen literarischen Quellen angehören. Der ältere der beiden Schöpfungsberichte, der in *1. Mose 2,4b–24* steht, wurde „in der Blütezeit Salomos, also um 950 v. Chr." von einem unbekannten Verfasser aufgeschrieben, der wohl in seinem Werk die mündliche Überlieferung der seßhaft gewordenen Nomadenstämme verarbeitete. Wir nennen diesen Schriftsteller „Jahwisten", weil er in seiner Darstellung von Beginn an Gott mit dem Namen „Jahwe" bezeichnete. Der jüngere Bericht findet sich in *1. Mose 1,1–2,4a*, also vor dem älteren! Er wurde wahrscheinlich von gelehrten Priestern „in der Exilszeit" verfaßt, weshalb man diese literarische Quelle „Priesterschrift" nennt.[1]

Vergleicht man diese beiden Schöpfungsberichte miteinander, was jeder reflektierte Religionsunterricht tun müßte, so wird sehr bald augenfällig, daß sie nicht nur Gemeinsamkeiten – vor allem in ihren Aussagen über Gott, den Menschen und sein Gottesverhältnis – enthalten, sondern auch recht erhebliche *Unterschiede*: Beschreibt z. B. der jüngere Bericht der Priesterschrift den Urzustand mit Wasser, umschreibt ihn der ältere Bericht des Jahwisten mit Wüste; in der Priesterschrift schafft Gott durchs Wort, beim Jahwisten durchs Tun; einmal wird das Trockene geschaffen, das andere Mal das Feuchte; im jüngeren Bericht ist der Mensch End- und Höhepunkt der Schöpfung, im älteren Ausgangspunkt des göttlichen Schöpfungsaktes. Hinzu kommt insgesamt eine je

---

[1] W. H. SCHMIDT, Einführung in das Alte Testament, S. 73 ff. u. S. 95 ff.; vgl. auch O. KAISER, Einleitung in das Alte Testament, S. 93 ff. u. S. 116 ff.

völlig verschiedene Sprache: in der Priesterschrift eine formelhaft getragene Sprache, beim Jahwisten eine schlicht volkstümliche Erzählung. Der Redaktor, der später die verschiedenen literarischen Quellen zum Zusammenhang der fünf Mosebücher verband, stellte die priesterschriftliche und jahwistische Schöpfungsversion nebeneinander, ohne auch nur den geringsten Versuch zu unternehmen, die teils doch ganz erheblich widerstreitenden Unterschiede der beiden Schöpfungsberichte einander anzugleichen oder sie doch wenigstens zu kaschieren. Dieser unleugbare Tatbestand, der bereits einem Fünftklässer ohne weiteres einsichtig gemacht werden kann, zeitigt – wenigstens in negativer Hinsicht – bedeutsame Folgerungen im Blick auf das, was das AT mit seinen Schöpfungsberichten intendiert oder besser: nicht intendiert. Weil eben „das Bild, das die einzelnen Texte (von der Schöpfung) entwerfen, so variabel ist, kann die Intention der Aussagen nicht in den Vorstellungen selbst liegen. Das bunte Nebeneinander wird eigentlich nur mit der Annahme erklärlich: Die bloßen Vorstellungen vom ‚wie‘ der Schöpfung waren bereits dem Alten Testament selbst nicht mehr entscheidend".[2] Sie waren jeweils abhängig und geprägt von den naturkundlichen Erkenntnissen ihrer Entstehungszeit und Umwelt und konnten offenbar jederzeit zugunsten zeitgemäßerer Vorstellungen ersetzt werden, ohne daß damit die eigentliche Textaussage und -intention auch nur im geringsten tangiert worden wäre. Theoretisch und praktisch müßte es also möglich sein – und es gibt zahlreiche Versuche in dieser Hinsicht – die theologisch fundamentalen Inhalte der biblischen Schöpfungsberichte im Gewand und mit Hilfe heutiger naturwissenschaftlicher Erkenntnisse über Weltentstehung und Entwicklung des Lebens auszusagen. Voraussetzung dafür, daß solche Versuche nicht nur möglich, sondern auch theologisch legitim sind, ist die heute von aller seriösen Theologie einhellig geteilte Auffassung, daß die biblischen „Wie-Vorstellungen" der Weltentstehung und Menschenschöpfung nur zweitrangig und Mittel zum Zweck sind, um das theologisch Eigentliche des Schöpfungsglaubens auszusagen. „Schöpfungsglaube ist also keine Theorie über die Entstehung und den Werdegang der Welt" und der Menschen. „Dar-

---

2 W. H. SCHMIDT, Alttestamentlicher Glaube in seiner Geschichte, S. 121; vgl. auch DERS., Einführung in das Alte Testament, S. 352.

über hat die (Natur-)Wissenschaft zu befinden".[3] Entsprechend dürfen die beiden biblischen Schöpfungsberichte auf keinen Fall als naturwissenschaftliche Reports über Weltentstehung und Lebensevolution verstanden werden. Die Bibel ist durchgängig kein Naturkundebuch, und wer sie etwa in dieser Erwartung liest, wird in ihr an brauchbaren Erkenntnissen und Inhalten in etwa das finden, was jemand finden dürfte, der ein Kochbuch in der Erwartung liest, darin über die chemische Zusammensetzung von Hirschhornsalz und Backpulver informiert zu werden! Noch einmal sei's gesagt: *Die biblischen Schöpfungsberichte wollen und dürfen keinesfalls als naturkundliche Berichte im Sinne naturwissenschaftlicher Weltentstehungstheorien und Entwicklungslehren gelesen und verstanden werden!*

Um gleich das zweite, besonders unter jüngeren Kindern weit verbreitete Mißverständnis bezüglich der biblischen Schöpfungsberichte und ihrer „urgeschichtlichen" Fortsetzung anzuschließen, gilt genauso entschieden das andere: *Die biblischen Schöpfungsberichte wollen und dürfen keinesfalls als historische Tatsachenberichte über die Anfänge der Menschheitsgeschichte gelesen und verstanden werden.* Wer sie so zu lesen versucht, kommt nicht nur sofort in Konflikt mit der widersprüchlichen Schöpfungschronologie in jahwistischer und priesterschriftlicher Fassung (einmal erst Schöpfung der Welt, dann des Menschen [P], das andere Mal erst Erschaffung des Menschen, dann der Welt [J]; einmal Erschaffung des Menschen als Mann und Weib [P], das andere Mal erst Erschaffung des Mannes und später der Frau [J]), sondern gerät auch sehr leicht in peinlichste Verlegenheit, wenn ihm die berühmte Frage gestellt wird „Und woher nahm Kain seine Frau?" (vgl. Gen 4,17). Die ersten Seiten der Bibel sind nun eben einmal ebensowenig der Beginn eines Naturkundebuchs wie der Beginn eines Geschichtsbuches, das fußend auf den Erkenntnissen paläontologischer Wissenschaft historisch genau über die Anfänge menschlichen Lebens unterrichten möchte. Darin sind sich alttestamentliche wie theologische Wissenschaft insgesamt einig. Was die biblischen Schöpfungsberichte bieten wollen: keine naturwissenschaftliche Weltentstehungstheorie und keine Historie von den Anfängen der Menschheit, das ist heute unbestritten und gleichsam theologi-

---

[3] H. Grass, Christliche Glaubenslehre II, S. 35.

sches Allgemeingut geworden und hat auch, wie wir bereits oben vermerkten, so gut wie in allen Lehrplänen, Schulbüchern und einschlägigen Unterrichtshilfen Eingang und teils recht geschickte fachdidaktische Umsetzung gefunden! Was aber wollen nun die beiden alttestamentlichen Schöpfungsgeschichten bieten, was können sie uns heute noch bieten? Wie wollen und sollen sie von uns verstanden werden?

Die beiden alttestamentlichen Schöpfungsberichte wie überhaupt die Schöpfungsaussagen der Bibel wollen und müssen zunächst ganz einfach und fast wie selbstverständlich als *Glaubenszeugnisse* verstanden und gelesen werden. Als solche sind sie bildhafter Ausdruck alttestamentlichen Schöpfungsglaubens, der von Jesus und dem NT gleichsam unverändert als integraler Bestandteil und wichtiger Inhalt christlichen Gottesglaubens übernommen wurde. Insofern partizipieren die Aussagen von Gott als dem „Schöpfer Himmels und der Erden" in jeder Beziehung an dem, was wir oben über die Grenzen, Möglichkeiten und Aufgaben christlichen Redens von Gott gesagt haben: Hier geht es um Glaubenserfahrung, die zwar nicht objektiv feststellbar und beweisbar sind, die aber sehr wohl Anhalt an der von uns erfahrbaren Lebenswirklichkeit haben und deshalb von uns auch existentiell verifiziert werden wollen. Dabei gilt es zu beachten, daß der Aussage von Gott als dem Schöpfer stets die Bestimmung des Menschen als seines Geschöpfes und der Welt als seiner Schöpfung korrespondiert. Von Gott an sich können und dürfen wir bei diesem existentiell und ethisch hoch besetzten Symbol also am allerwenigsten reden!

Betrachten wir nun die Schöpfungsberichte aus der richtigen Perspektive als Niederschlag von bestimmten Glaubenserfahrungen, so können wir zunächst feststellen, daß die oben aufgewiesenen Unterschiede im Bereich der „Wie-Vorstellungen" der Schöpfung völlig zurücktreten hinter den theologischen Grundaussagen, in denen jahwistische und priesterschriftliche Schöpfungsgeschichte übereinstimmen. Da sie gewissermaßen als *Fundamentalinhalte* christlichen Schöpfungsglaubens und christlicher Anthropologie anzusprechen sind, seien sie nach ihren grundlegenden Gesichtspunkten hier kurz aufgeführt:

1. *Gott* als Schöpfer ist freiwirkender, unableitbarer und unverfügbarer Ursprung des Weltganzen mit dem Lebensraum, den

Kreaturen sowie den Menschen und als solcher ihr Herr und Erhalter.[4]

2. *Mensch und Welt* sind als *Schöpfung* und Werk Gottes von Gott klar unterschieden. Sie sind weder Gott noch gottverwandt und können und dürfen nicht zu Götzen werden.

3. Gott als Schöpfer hat die *Welt gut geschaffen,* und das verschafft ihr – auch unter der Spannung notwendiger Zusammenschau mit Gen 6,11 („Aber die Erde war verderbt vor Gott . . .") – gegen die resignative und depressive Ideologie, daß hier alles nur schlecht sei und deshalb alles verändert werden müsse, positiven Grund und positive Aspekte.

4. Der *Mensch* als Geschöpf Gottes „hat sein Dasein nicht aus sich selbst, sondern . . . ist definiert in bezug auf einen ihm vorausliegenden, ihn umgreifenden Horizont: Gott".[5]

5. Der Mensch ist nicht ein bloßes Stück Natur oder Welt, sondern als „Gottes ‚Bild' und damit wohl Gottes Repräsentant auf Erden" ein besonderes Geschöpf.[6]

6. Die Gottebenbildlichkeit des Menschen meint nicht eine am Menschen vorfindliche Qualität, sondern sozusagen als „fremde Würde" die Bestimmung des Menschen, nämlich die frei verantwortliche Beherrschung und Bewahrung von Kreatur und Natur gegen alle sie bedrohenden und zerstörenden Verderbensmächte.

7. Gegenüber den Mitmenschen bedeutet solche Gott gegebene fremde Würde und Bestimmung als Bild Gottes die absolute *Unantastbarkeit menschlicher Personwürde,* die allem Verwerten von Menschen, allem Verfügen über Menschen und allem Verurteilen von Menschen als möglicherweise lebensunwert ein für allemal eine unüberschreitbare Grenze setzt.

---

[4] Vgl. W. H. SCHMIDT, Einführung in das Alte Testament, S. 352.

[5] H. GREWEL, Christentum – was ist das?, S. 186.

[6] W. H. SCHMIDT, Einführung in das Alte Testament, S. 60 f.

2. Verifikationsversuche des Schöpfungsglaubens

Unsere Beschäftigung mit den biblischen Grundtexten christlichen Schöpfungsglaubens hat den Anfangssatz des Apostolikums „Ich glaube an Gott, den Schöpfer des Himmels und der Erde" nach sieben, wie ich meine, fundamentalen Inhalten aufgeschlüsselt. Ihre biblische Ableitung und Begründung mag ebenso einleuchten, wie auch die hohe ethische Relevanz und Brisanz eines solchermaßen interpretierten Schöpfungsbekenntnisses kaum jemandem – zumal wenn er ökologisch sensibilisiert ist – entgehen dürfte. Doch wie komme ich dazu, die Grundaussage von Gott dem Schöpfer in existentieller Verdichtung als für mich verbindliche Wahrheit anzunehmen? Wo findet das Glaubenssymbol der Schöpfung an meiner Erfahrungswelt mich berührenden und betreffenden Anhalt? Daß Gott der Schöpfer von Welt und Menschen ist, soll nicht bloß von außen an mich herangepredigt werden, sondern dessen möchte ich selbst inne werden, dessen möchte ich selbst an meiner persönlichen Erfahrung gewahr werden.

Gerade hinsichtlich des existentiell „belichteten" Schöpfungsglaubens läßt sich dieses verifikative Anliegen m. E. relativ allgemeinzugänglich realisieren. Gehört doch wohl zur Selbstgewißheit eines jeden Menschen die Einsicht „Ich habe mich nicht selbst geschaffen". In dieser negativen Aussageform müßte das eigentlich jeder von uns zugeben können. Gehen wir diesem relativ unbestreitbaren Satz auf den Grund, so können wir bei uns, in unseren emotionalen Tiefen, so etwas wie ein *Kreaturgefühl* entdecken. Es ist das Gefühl oder – weiter gediehen – vielleicht bereits die bewußte Erfahrung, daß wir unser eigenes Leben nicht uns selbst, sondern „einer unverfügbaren Ermöglichung" verdanken.[7] Hier treffen wir auf Gedanken und Erfahrungen, die uns bereits oben im Zusammenhang mit unseren Verifikationsversuchen von so etwas wie Gottesglauben begegnet sind: ,Gott als die unverfügbare Macht, der menschliches Leben ausgeliefert ist', definierten wir da. Die Fundamentalerfahrung der Unverfügbarkeit allen Lebens bleibt auch für den christlichen Schöpfungsglauben ein bestimmendes und gewichtiges Verifika-

---

7 W. LOHFF, Glaubenslehre und Erziehung, S. 40.

tionsmoment, gewinnt aber gleichzeitig mit der christlichen Rede von Schöpfer und Geschöpf eine neue Deutungsrichtung und - akzentuierung. Diese schlägt sich sprachlich nieder, wenn wir in Korrelation zum Schöpfungsglauben von *geschaffener, verdankter oder geschenkter Existenz* sprechen. Damit verliert die Erfahrung der Unverfügbarkeit menschlichen Daseins ihren bedrohlichen Charakter willkürlichen Ausgeliefertseins; ihr wird sozusagen ein positiver Grundtenor eingestiftet, der auf unserer Seite Dankbarkeit zur Folge haben müßte: Wir sind Geschöpfe Gottes im Kontext seiner Schöpfung, wir sind geschaffen, wir verdanken uns nicht uns selbst, sondern wir verdanken unser Leben einem Gott, der es gut mit uns meint, auf den wir vertrauen können. Die Grunderfahrung der Unverfügbarkeit und schlechthinnigen Abhängigkeit unseres Lebens wird damit – mit dem Reden von Gott als unserem Schöpfer – gleichsam unterfangen und umfangen von der Grunderfahrung des Vertrauens, dem anderen großen Verifikationskomplex in unserem oben gemachten Versuch, Transzendenzverweise in der uns umgebenden Lebenswirklichkeit aufzuspüren. Wer „Gott, mein Schöpfer" sagt und glaubt, kann sich auf diesen im letzten und tiefsten lebensbejahenden Grundtenor christlichen Schöpfungsglaubens verlassen. Unser Kreaturgefühl, die existentielle Erfahrung unserer Geschöpflichkeit, gewinnt somit im Deutungshorizont des christlichen Schöpfungssymbols eine Auslegung, die darum weiß, daß der Schöpfung von Anfang an Gottes Gnade eingestiftet ist. Das gilt es an unseren Lebenserfahrungen zu entdecken und zu bewahrheiten, das gilt es mitzuhören, wenn wir in Korrelation zu Gott dem Schöpfer von „verdankter Existenz" sprechen.

Kein geringerer als Martin Luther ging uns darin voraus, die dogmatische Bekenntnisaussage des 1. Artikels vom Schöpfergott existentiell zu erklären. Bekanntlich begann er seine Erklärung des apostolischen Glaubensbekenntnisses mit den Worten: „Ich glaube, daß mich Gott geschaffen hat samt allen Kreaturen". Um zu sagen, was Gott der Schöpfer ist, rekurriert Luther also auf die Geschöpflichkeit des Menschen und setzt dabei ganz selbstverständlich voraus, daß diese Geschöpflichkeit etwas ist, was der menschlichen Erfahrung durchaus zugänglich ist: zugänglich über so etwas wie ein *Kreaturbewußtsein* des Menschen. Wir haben das oben bereits angesprochen: „Der Mensch weiß sich (eben) von einer höheren Macht abhängig, weiß, daß er sich und vieles in seinem Leben sich nicht selbst verdankt, daß er letztlich sein Leben, sein Schicksal, seine Zukunft doch nicht in seiner Hand hat".[8] Das ist gemeint und gehört unbedingt dazu, wenn ich von Gott dem Schöpfer spreche, wenn von Geschöpflichkeit oder – in unserer Terminologie – von „verdankter Existenz" die Rede ist. Doch ist damit der existentielle Erfahrungsgehalt, der im Schöpfungssymbol angelegt ist, noch nicht ausgeschöpft; hier läßt sich noch tiefer schürfen und weiter denken!

Tun wir das in bezug auf die Erfahrung der verdankten Existenz, so stoßen wir alsbald auf die ihr vorausliegende Grunderfahrung, „daß der Mensch in erster Linie nicht ‚Macher', sondern ‚Empfänger' seines Lebens ist".[9] Im Sinne des Pauluswortes „Was hast du, das du nicht empfangen hast?" (1. Kor 4,7) hat man darin wohl die existentielle Grundbestimmung und Fundamentalaussage des christlichen Schöpfungsglaubens zu sehen. Auf seinem tiefsten Grund ist unser menschliches Leben auf Empfangen angewiesen, ist „nicht Tat, Leistung und Werk, sondern Widerfahrnis, Geschenk und Gnade".[10]

Wer also „Gott, mein Schöpfer" sagt und zu glauben versucht, der wird sein Leben als verdanktes Leben verstehen, der wird sich selbst als verantwortlichen Empfänger seines Lebens bekennen. Das christliche Schöpfungssymbol wird für ihn sozusagen in göttlich begründetem Optimismus zum Ausweis und Ausdruck dafür, daß bei den Erfahrungen seiner Geschöpflichkeit, bei den Erfahrungen der Unverfügbarkeit und Abhängigkeit unseres Daseins, nicht das Bedrohliche, Zerstörerische und Sinnlose die Oberhand gewinnt. Vielmehr kann und sollte der Schöpfungsglaube den, der sich auf ihn einläßt, sensibel und aufgeschlossen machen für die vielfältigen Spuren und Eindrücke der Liebe und Gnade des Schöpfergottes in seiner gut gemeinten Schöpfung, in unserem Leben, unserer Welt und Wirklichkeit. Diese Eindrücke und Spurenelemente der gut gemeinten und gemachten Schöpfung gilt es gegen die Anfechtung der gefallenen und gestörten Schöpfung zu entdecken und existentiell zu bewahrheiten. Das

---

[8] H. GRASS, Christliche Glaubenslehre II, S. 33.
[9] H. ZAHRNT, Gott kann nicht sterben, S. 136.
[10] Ebd.

öffnet die Augen und macht den Blick frei für einen Bewahrheitungsbereich des Schöpfungsglaubens, den wir bei unserem existentiell-konzentrierten Verifikationsbemühen bisher nicht erwähnt haben: den *Bereich der Natur und Naturschönheiten* in seiner Staunen erregenden Vielfalt und unbegreiflichen Faszination. Besonders für Kinder im Grundschulalter wird das stets ein unerschöpfliches und augenfälliges Repertoire sein und bleiben, aus und an dem Eltern und Lehrer erste Zugänge zum Verständnis des christlichen Schöpfungssymbols vermitteln und eröffnen werden. Dagegen erheben sich didaktisch besonders dann keine Einwände, wenn man diese an den Schöpfungswerken orientierten Verifikationsversuche begleitet und ergänzt sein läßt durch Unterrichtsstunden, in denen der Schöpfungsglaube auch an existentiellen Grunderfahrungen der Schüler bewahrheitet wird. Hier tut sich allerdings für die Unterrichtspraxis eine Schwierigkeit auf: Während die Zahl der Unterrichtshilfen, die sich unter dem Motto „Geh aus, mein Herz, und suche Freud" (EKG 371) mit Gottes guten Schöpfungsgaben beschäftigen, besonders für den Grundschulunterricht beinahe Legion ist, sucht man nach Vorbereitungsmaterial, das den Schöpfungsglauben von existentiellen Grunderfahrungen der Kinder her angeht, vergeblich.

3. Unterrichtsentwurf zum Thema „Bekenntnis zu Gott als Schöpfer"

Vorbemerkung:

Dieser Entwurf will verstanden werden als Ertrag und fachdidaktische Konkretion der vorausgegangenen Ausführungen über „Gott, den Schöpfer und verdankte Existenz". In ihnen ist die zu jeder Unterrichtsvorbereitung unabdingbar gehörende fachwissenschaftliche Analyse (in unserem Falle des Religionsunterrichts: die biblische und dogmatische Sachanalyse) geleistet und darüber hinaus mit den Verifikationsversuchen des zweiten Abschnittes zugleich die *didaktische Reflexion* eingeleitet und vorangetrieben. Durch die altersmäßige Festlegung auf die 5. Jahrgangsstufe ließen sich im Sinne unserer existentialdogmatischen Intention die angesprochenen Glaubensinhalte und menschlichen Grunderfahrungen kindgemäß konkretisieren, zu Lernzielen bündeln und über die Auswahl geeigneter Medien und Methoden in einen sinnvollen Unterrichtsverlaufsplan bringen.[11]

---

[11] Erarbeitet wurde der Entwurf auf einer Fortbildungsveranstaltung für Bamberger Praktikumslehrer. Die vorliegende Fassung ist das vorläufige Ergebnis von mehreren „Probeläufen" in verschiedenen Hauptschulen Bambergs.

Unterrichtsentwurf

Fach: Evang. Religionslehre   Jahrgangsstufe: 5
Thema: Bekenntnis zu Gott als Schöpfer   Zeitaufwand: ca. 12 Unterrichtsstunden
Lernziel der Unterrichtseinheit: Den Schülern soll an allgemein zugänglichen Grunderfahrungen menschlichen Lebens die christliche Schöpfungsvorstellung einsichtig werden.
(Vorangegangen sein muß die Behandlung der biblischen Schöpfungserzählung)

Unterrichtsschritte	Lernziele	Lerninhalte	Methoden	Medien	Didakt. Kommentar
1.	1. Die Schüler sollen erkennen, daß sich ihr Leben nicht selbst gegeben haben, sondern daß sie es empfangen haben. 1.1. Die Schüler sollen anhand einer Geburtstagsfeier erfahren, daß sie ihr Leben als Geschenk verstehen können. 1.2. Die Schüler sollen in Erinnerung an ihre Geburt ihr Leben als empfangen ansehen. 1.3. Die Schüler sollen erkennen, daß Christen im Glauben an den Schöpfergott ihr Leben als gottgeschenktes Leben annehmen.	Geburtstagsfeier (Vorbereitung, Durchführung und anschließende Reflexion): Formulierung von Wünschen → Wir feiern Geburtstag als ein Geschenk (Symbolik einer Geburtstagsfeier!) Korrelation von Wünschen und Gaben Gottes (Einzelschritte: – Welches ist das eigentliche Geschenk des Geburtstages? – Wem verdanken wir dieses Geschenk? – Wem danken wir dafür? → 1. Glaubensartikel und Luthers Auslegung, insbesondere der erste Satz)	sammelndes Gespräch/ Feiern/ gelenktes Unterrichtsgespräch	Wunschkarten Katechismus, Heft	

68

Unterrichts-schritte	Lernziele	Lerninhalte	Methoden	Medien	Didakt. Kommentar
2.	2. Die Schüler sollen erkennen, daß ihr Leben stets unverfügbar und begrenzt ist.	Überleitung/Anknüpfung: Geburtstagswünsche und ihre gefährdete Erfüllung (Geburtstagswünsche = Hoffnungswünsche!) Unfallbilder	Unterrichtsgespräch		
	2.1. Die Schüler sollen an Erfahrungen mit Tod und Sterben ihr Leben als begrenzt ansehen.	Stig Dagerman, Ein Kind töten oder Alfons Schweiggert, Wo ist Fred? → *Deutung* Unverfügbarkeit und Begrenztheit menschlichen Lebens	Visueller Impuls, Schüleräußerungen, Erzählung	Geschichte	Vorlesebuch Religion 1, S. 301 f. Vorlesebuch Religion 3, S. 169–171
	2.2. Die Schüler sollen an Ereignissen ihrer Lebenswelt die Unverfügbarkeit und Zukunft erfahren.	DAMIT HAT NIEMAND GERECHNET! (u. U. als Hausaufgabe: Lk 12,13–21 „Das Gleichnis vom reichen Kornbauer")	gelenktes Unterrichtsgespräch Ertragssicherung, Tafelanschrift	Ablaufsgraphik/ Tafel	
	2.3. Die Schüler sollen erkennen, daß Christen hinter der Unverfügbarkeit und Begrenztheit des Lebens den Schöpfergott erfahren können.	Elternreaktion: Todesanzeige bzw. Grabstein mit Hiobwort (Hi 1,21): Der Herr hat's gegeben, der Herr hat's genommen; der Name des Herrn sei gelobt. Rahmenerzählung des Hiobbuches (1,1–2, 13 und 42,7–17) K. Marti: dem Herrn, unserem Gott hat es ganz und gar nicht gefallen → Problematisierung und ethische Akzentuierung	Visueller Impuls, spontane Schüleräußerungen Erzählung gelenktes Unterrichtsgespräch	Textblatt	K. Marti, Leichenreden. Darmstadt/ Neuwied 1969

Unterrichtsschritte	Lernziele	Lerninhalte	Methoden	Medien	Didakt. Kommentar
3.	3. Die Schüler sollen erkennen, daß menschliches Leben unabdingbar an Vertrauen und Liebe verwiesen ist. 3.1. Die Schüler sollen an Beispielen der Elternliebe die Bedeutung des Urvertrauens für menschliches Leben erfassen.	Thema: Geborgenheit – Muttergeste oder – Vertrauensspiel	Spiel, Schüleräußerungen	Visueller Impuls	vgl. B. Grom, Methoden für Religionsunterricht, Jugendarbeit und Erwachsenenbildung. Düsseldorf/Göttingen 1976, bes. S. 71–76
		[DU BIST DARAUF ANGEWIESEN!] Beispielfälle für das Fehlen von Vertrauen und Liebe: – R. Spitz, Hospitalismus oder – Friedrich II. und sein Experiment		Tafel/Hefteintrag	Lesebuch für den Religionsunterricht für 14 bis 16jährige. Stgt. 1969, S. 30
	3.2. Die Schüler sollen erkennen, daß für Christen alle Liebes- und Vertrauenserfahrung ihren letzten tragenden Grund in Gott, dem Schöpfer und Erhalter, hat.	Transzendierung des Urvertrauens auf Gott anhand eines ausgewählten Vertrauenspsalmes, z. B. Ps 23 → Herausarbeiten der Symbolik, Vertrauenslied (modern oder traditionell)	interpretierendes Unterrichtsgespräch Singen	Textblatt Textblatt	

IV. Gottes Wille –
Verantwortliche und verfehlte Existenz

1. Gottes Wille

Bei unseren oben in Kapitel II.3 angestellten Überlegungen, wieso überhaupt Menschen dazu kommen, an so etwas wie Gott zu glauben, wurden wir als einem möglichen Antwortversuch verwiesen auf die menschliche Grunderfahrung des „Unter dem Gesetz sein". Damit war gemeint, daß der Mensch „unter dem Gesetz" – und das ist im letzten jeder Mensch – sich lebenslang als in die Pflicht genommen erfährt, daß er im ständigen „Du sollst" Antwort geben muß auf Sachzwänge und Situationsansprüche, auf Pflichten, Gewissensrufe und Schuldzuweisungen. Solche Erfahrungen verantwortlicher Existenz, denen sich letztlich wohl kein Mensch entziehen kann, sind offen, als Zeichen der Transzendenz gedeutet zu werden und Menschen zu veranlassen, an so etwas wie Gott zu glauben. *Gott* wäre danach – so definierten wir oben – jene dunkle *Macht, die den Menschen* im ständigen „Du sollst" seines Lebens und Arbeitens in Pflicht nimmt und zur Verantwortung ruft.

Denken wir an diesem Punkt weiter, so verlangt zunächst das „Du sollst" nach seiner inhaltlichen Präzisierung. Denn es bedarf ja wohl keiner langen Beweisführung, um einzusehen, daß bei weitem nicht alle Ansprüche, Gesetze und Forderungen, die uns mit unserem Leben „unter dem Gesetz" in Beschlag nehmen wollen, auch gerechtfertigt sind und verantwortet werden können. Vielmehr bedürfen wir, um der Verantwortlichkeit unserer Existenz im Vollsinne ihrer Bedeutung genügen zu können, eines letztgültigen ethischen Maßstabs, an dem wir unser Denken und Handeln „unter dem Gesetz" orientieren und messen können. Für den Glauben bzw. eine Anschauung, die an Gott als dem letztentscheidenden Sinngrund des Daseins festhält, wird die *Frage nach einem letztgültigen ethischen Maßstab* zur theologisch-ethischen *Frage nach Gottes Wille*: Letztgültige und oberste Norm verantwortlicher Existenz ist der Wille Gottes!

Was aber ist Gottes Wille? Jene dunkle Macht, die wir oben verifizierend als so etwas wie Gott apostrophiert haben, gibt uns hier keine Antwort. Wegweisende Antwort bekommen wir hingegen, wenn wir uns auf das zurückbesinnen, was wir im letzten Kapitel über Gott, den Schöpfer, und – daraus abgeleitet – das Lebensverständnis verdankter Existenz gehört haben. Denn im Glauben an den Schöpfergott, seine Schöpfung und unsere Geschöpflichkeit ist Gottes Wille mitgesetzt als Bestimmung, die Gott seiner Schöpfung gleichsam „eingestiftet" hat. Was daraus in ethischer Hinsicht folgt, wollen wir uns an der *Bestimmung des Menschen als Geschöpf Gottes* klar machen:

Geschöpflichkeit des Menschen meint, wie wir oben herausgearbeitet haben, daß der Mensch nicht aus sich selbst ist, sondern daß er sich verdankt und sein Leben als reines Geschenk empfängt. Für dieses Geschenk mit all seinen reichen Lebensmöglichkeiten schuldet der Mensch seinem Schöpfer Dank in gläubiger Anerkenntnis und verantwortlichem Gehorsam. Der *Geschenkcharakter* allen Lebens ist somit der eigentliche und entscheidende Grund für die ethische Verantwortlichkeit des Menschen im Sinne seiner schöpfungsgemäßen Bestimmung. *Verantwortlichkeit* heißt dann für den Menschen als Geschöpf Gottes „In-die-Verantwortung-gerufen-Sein gegenüber der Forderung, die empfangenen Lebensmöglichkeiten nicht willkürlich eigenen Zwecken und Zielen, sondern dem Dasein selbst dienstbar zu machen"[1] und anvertrautes Leben in Obhut zu nehmen. Mit dem Geschenk unseres Lebens schulden wir Gott also undispensierbar Schutz, Förderung und Inobhutnahme all des Lebens, das uns tagtäglich ausgeliefert und anvertraut ist.

Dieser Daseinsschuld und Forderung, der der Mensch in schöpfungsgemäßer Verantwortlichkeit entsprechen soll, eignet insofern eine *radikale Einseitigkeit,* als die Anerkenntnis meines Lebens als Geschenk den Verzicht auf jegliche Gegenforderung verlangt: Ich bin eben Beschenkter und nicht Gebieter über die mir zugeteilten reichen Lebensmöglichkeiten verschiedenster Art und müßte sie deshalb „selbstlos" – d. h. ohne Gegenansprüche geltend zu machen und Gegenleistungen zu erwarten – meinen Mitmenschen zugute kommen lassen! In dieser radikalen

---

[1] H. Grewel, Christentum – was ist das?, S. 207.

Einseitigkeit ist das der Wille Gottes, des Gottes, der als Schöpfergott „dem einzelnen sein Dasein und die Welt, in dem es sich abspielt, geschenkt hat", und sich darin gleichzeitig als die Instanz meldet, die angesichts der radikalen Forderung zur Verantwortung ruft.[2]

Nichts anderes meinen Jesus und Paulus, wenn sie den Willen Gottes im *Liebesgebot* ausgedrückt sehen: Gott fordert mit der Liebe „nichts anderes als das, was er selbst gibt". Das macht die Radikalität, Einseitigkeit und Grenzenlosigkeit der Liebesforderung aus; nicht „weil der andere Mensch auf andere Weise biologisch oder sozial zu uns gehört", sondern einzig und allein, weil unser eigenes Leben uns geschenkt ist, sollen wir Liebe üben und das Leben des anderen in Obhut nehmen. Entsprechend handelt der einzelne in der Nächstenliebe „nicht von seinen eigenen wohlverständlichen Interessen aus, . . ., sondern (läßt) das Wohl des anderen entscheidend sein".[3]

Das genau aber ist „der Wille Gottes: das Wohl des Menschen";[4] darum geht es von der ersten bis zur letzten Seite der Bibel. Auf das Heil und das Wohl des Menschen ist Gottes gute Schöpfung ursprünglich angelegt und daraufhin ist sie im letzten auch ausgelegt. Die Sache Gottes ist der Mensch, dem Gott das Leben geschenkt hat. Vor und über allen Einzelgeboten und entschieden gegen jede Form von Gesetzlichkeit steht der Wille Gottes als Wohl des Menschen, worauf wir mit der maßgeblichen Orientierung am Liebesgebot in unserem Denken und Handeln letztgültig verpflichtet werden. Diese Deutung des Gotteswillens vom Menschenwohl her ist nicht ohne Folgen für unser *Gottesverständnis*: Sie verbietet uns nämlich strikt, jene dunkel erfahrbare Macht des „Du sollst" vorrangig als fordernden Gesetzesgott zu interpretieren und weiterzusagen. Der grundsätzlich menschenfreundlich ausgelegte Wille Gottes gebietet der Theologie, sich entschieden fernzuhalten „von einem vulgär-christlichen anthropomorphen Gottesbild, wonach Gott oberster Gesetzgeber, Polizist, Untersuchungsrichter, öffentlicher Ankläger, Richter, Gefängnisdirektor und Scharfrichter in einer Person ist".[5]

---

[2] K. E. Løgstrup, Die ethische Forderung, S. 193.
[3] Ebd., S. 120, 160 u. 123.
[4] H. Küng, Christ sein, S. 241 ff.
[5] W. Neidhart/H. Ott, Krone der Schöpfung?, S. 258.

Religionspädagogisch nur allzu bekannt und oben bereits ange-sprochen sind die diesbezüglichen Fehlformen an Gottesbildern, wie sie nicht selten im Vollzug religiöser Erziehung vermittelt werden, wenn Gott ausschließlich als Gesetzesgott in den Blick kommt, der alles sieht und gleichsam als „moralischer Babysit-ter" oder „himmlischer Wachhund" den unfähigen Eltern zur übermächtigen Erziehungshilfe wird. Wo das geschieht, versün-digen sich die Eltern sowohl an Gott wie an ihren Kindern und verraten die Sache des Christentums auf schändlichste Weise. Der Schöpfergott, den wir im 1. Artikel des Apostolikums be-kennen, ist *vor* allem der Gott, der aus freier Gnade Leben schenkt, der diesem Leben unantastbare Würde verleiht und unendlich um sein Wohl besorgt ist. Dieser Wohl-meinende, Leben schenkende, ermöglichende und erhaltende Gott will Ur-grund unseres Vertrauens sein; in ihm wurzelt und aus ihm erwächst Gottes guter Wille, demgegenüber wir Menschen in die Verantwortung gerufen sind. Und hier wird Gott zum „eifri-gen Gott", der um des Wohles seiner Geschöpfe willen eifert und die Menschen bei der Befolgung seines Willens behaftet. Insofern ist der Schöpfergott, dem der Mensch sein Leben verdankt, zugleich die radikal fordernde Instanz, vor der sich der Mensch zu verantworten hat, eben weil er dieser Instanz etwas – die Gabe seines Lebens – schuldig ist!

2. Die Sünde des Menschen

Ich schlage die heutige Tageszeitung auf und lese und, was ich da zu lesen bekomme, bedarf kaum eines Kommentars. Der empirische Befund ist eindeutig und unwiderlegbar: Unsere Welt ist nicht in Ordnung; wir Menschen sind nicht, was wir sein sollen. Die Welt liegt im argen und wir selbst dazu. Vor diesem Tatbestand kann keiner die Augen verschließen; ihn erfährt jeder Mensch tagtäglich; ihn bestätigt die empirische Bestandsauf-nahme seitens der Humanwissenschaften mit Einschluß der Theologie. Die Unterschiede liegen angesichts dieses unabweis-baren Phänomens von Bosheit, Mangel, Leiden und Unordnung in der Welt auf der Ebene der Deutungen, Erklärungsmodelle, Lösungsstrategien und Therapievorschläge.

Die *christliche Deutung* bedient sich hier traditionellerweise

des Symbols des „Falls" und spricht von „gefallener Schöpfung"
und Sündenfall. Damit ist zunächst ganz einfach gemeint, daß die
von Gott gut gedachte und gemachte Schöpfung in ihrem tiefsten Grunde nicht in Ordnung ist, daß sie unheilvoll kaputt ist,
daß sie dem ursprünglichen Entwurf ihrer Bestimmung entfrem-
det ist. Das gilt gleichermaßen von der Schöpfung wie von den
Geschöpfen und der „Krone der Schöpfung", dem Menschen: sie
sind nicht, was sie nach Gottes Willen sein sollen! Konzentrieren
wir uns in existentieller Verdichtung auf uns selbst, auf den
Menschen, so müssen wir hier nun in engstem Verstehenszusam-
menhang mit verdankter und verantwortlicher Existenz von des
Menschen „verfehlter Existenz" oder – in traditioneller Rede-
weise – vom Menschen als „Sünder" sprechen und handeln.

Es gibt wohl kaum einen zweiten Ausdruck christlicher Sprache, der im alltäglichen, vulgären Sprachgebrauch so seiner ursprünglichen Bedeutungstiefe und -schwere entkleidet ist wie
das Wort „Sünde". Für die einen hängt Sünde im Sinne von
„Kann Küssen Sünde sein?" mit Sexualität zusammen; verbunden mit einem leichten Augenzwinkern kann „Sündigen" dann
etwas Prickelndes an sich haben. Andere gebrauchen das Wort,
wenn sie die Übertretung eines Gebotes – meist eines, das mit
Religion gar nichts zu tun hat – bezeichnen wollen: Der Fettlei-
bige „sündigt", wenn er sich noch eine Portion auf den Teller
„lädt"; der Kranke „sündigt", wenn er die Ratschläge seines
Arztes nicht beachtet. Sünde als geheimes, häufig sexuell moti-
viertes Sehnen und Begehren und Sünde als Bagatelle, als nichts
Schlimmes, nichts Ernstes, als etwas, das man sich als kleinen
augenzwinkernden Verstoß zubilligt und immer wieder einmal
herausnimmt. Warum ein so ganz und gar oberflächliches, au-
genzwinkerndes und bagatellisierendes Verständnis vom Ausdruck einer Sache, die uns in unserem persönlichen, zwischenmenschlichen und gesellschaftlichen Leben so außerordentlich
zu schaffen macht? Das wäre in der Tat einer interdisziplinären
Untersuchung wert!

Die Theologie versuchte, der abgegriffenen Begrifflichkeit von
Sünde so Rechnung zu tragen, daß sie nach anderen Begriffen
suchte, wobei sich schließlich der von Paul Tillich geprägte Ausdruck „Entfremdung" am meisten durchsetzte. Er kommt der
Grundbedeutung des Wortes „Sünde" als „Sonderung von Gott"
am nächsten. Mit dieser Grundbedeutung – das müssen wir uns

ganz klar machen – wird Sünde ein für allemal als religiöser Begriff qualifiziert, in dem immer etwas über unser Gottesverhältnis ausgesagt ist. Sünde im Vollsinne ihres christlichen Bedeutungsgehaltes meint deshalb nicht zuerst einzelne schuldhafte Handlungen, Verfehlungen, Unterlassungen und Übertretungen. Würde Sünde sich darin erschöpfen und aufgehen in einzelnen Verfehlungen, dann hätte man den Sündenbegriff moralistisch verkürzt und – wie es weithin eben auch geschieht – entschieden mißverstanden. Sünde liegt den einzelnen schuldhaften Handlungen voraus und besagt zunächst, „daß unser Gottesverhältnis nicht in Ordnung ist, daß wir in der Entfremdung von Gott existieren, daß diese Entfremdung das Nichtsein-Sollende ist und daß wir auch die Verantwortung für diese Entfremdung tragen".[6]

In der biblischen *Sündenfallgeschichte* von Gen 3 hat dieses Sündenverständnis seinen urbildlichen erzählerischen Ausdruck gefunden: Der Mensch setzt sich in Gegensatz zu Gottes Willen und will sein eigener Herr sein. Das Verhältnis zu Gott bekommt einen tiefen Riß mit den Folgen Furcht, Gewissensbisse und Absonderung von Gott durch Verstecken. Doch die Verantwortlichkeit des Menschen bleibt erhalten; „Adam, wo bist du?" (Gen 3,9) fragt Gott, und Adam muß antworten, muß sich verantworten. Und er tut das im Wissen um seine Schuld und gleichzeitig im Bestreben, schuldlos dazustehen, indem er sich in urtypischer Manier ent-schuldigt durch Beschuldigung anderer, durch Abschieben der Schuld auf andere: auf Eva, auf die Schlange! In dieser alten Geschichte haben sich tatsächlich Urerfahrungen der Menschheit niedergeschlagen, die uns noch genauso tangieren wie den alttestamentlichen Zeitgenossen vor 3000 Jahren: Jeder Mensch macht in seinem Leben die Erfahrung von Schuld, von Schuldigwerden und erlebt im Schuldbewußtsein seine Verantwortlichkeit; jeder Mensch kennt das Verlangen nach Schuldlosigkeit, nach Entschuldigung, und jeder Mensch erfährt nur allzuoft, wie er solche Entschuldigung auf Kosten anderer zu erlangen sucht. Unabhängig vom Gottesglauben sind das allgemein-menschliche Erfahrungen, die jeder machen kann und die deshalb auch empirisch aufweisbar sind.

---

[6] H. Grass, Christliche Glaubenslehre II, S. 10; vgl. auch G. Kruhöffer, Grundlinien des Glaubens, S. 82 ff.

Entsprechend wissen auch die Dichter und Philosophen aller Zeiten und aller Völker von Schuld und Schuldverstrickungen zu singen und zu berichten.

Das Besondere des christlichen Schuldverständnisses als *Sünde* liegt nun darin – wie uns die biblische Sündenfallgeschichte unnachahmlich eindrücklich erzählt –, daß die menschliche Schuld in ihrem tiefsten Grund als *Folge eines gestörten Gottesverhältnisses* gedeutet wird. Und, obwohl die Bibel an keiner Stelle darüber Auskunft gibt, woher das Böse und die Sünde in die Welt gekommen sind, dürfte hier eine Deutung des Schuldphänomens geboten und angeboten sein, die nicht nur für Christen interessant ist. Das Gottesverhältnis, das schöpfungsmäßig bestimmt sein soll von Liebe und Vertrauen, ist durchgängig desavouiert durch Angst und Selbstherrlichkeit in ihren vielfältigen Schattierungen und Spielarten: Selbstsüchtige Angst, nicht auf seine Kosten zu kommen, in seinen Rechten beschnitten zu werden, nicht sein eigener Herr sein zu dürfen; Angst aber auch davor, den übermäßigen Ansprüchen und Forderungen des Lebens nicht gerecht werden zu können und schuldig zu werden; Angst schließlich vor dem Tod und der Sinnlosigkeit des Lebens. Diese Verfallenheit an Selbstsucht und Angst, von der unser Dasein umgetrieben wird, bedeutet Entfremdung von unserer Bestimmung als Geschöpf und unterminiert Gott gegenüber unser Vertrauen und Lieben, unser Glaubenkönnen und unsere Liebesfähigkeit. Wir bleiben Gott (dabei) das Entscheidende schuldig; wir schaffen es nicht, unser Leben, das wir ihm, dem Schöpfergott, verdanken und schulden, wirklich vorbehaltlos als Geschenk zu glauben und vertrauensvoll zu leben. Dieser Daseinsschuld nicht zu genügen und nicht anzuerkennen, daß wir unsere Existenz und alles Gott verdanken, das ist Sünde. Es „ist die Weigerung, dem zu vertrauen, der der Grund" unseres Lebens ist.[7]

Aus dieser Grundschuld heraus erwächst und folgt unser gestörtes, angstbesetztes und liebloses Verhältnis zu uns selbst, zu unseren Mitmenschen, zur Welt. Mit der Unfähigkeit, unser Leben ganzheitlich anzuerkennen als Geschenk Gottes, geht nämlich die entscheidende dankbar folgenreiche Motivationsbasis verloren, um Gottes Willen – die ethische Forderung, selbst-

---

[7] Evangelischer Erwachsenenkatechismus. Gütersloh ³1977, S. 269.

los zu lieben – unter unseren Mitmenschen wirklich zu erfüllen. Das ist meist nur ansatzweise möglich und gelingt dann am ehesten, wenn ich vorgängig von meinen Mitmenschen Liebe und Vertrauen erfahren konnte. Damit ist uns zugleich der Schlüssel und Maßstab an die Hand gegeben, um nicht wahllos alle Gebotsübertretungen und Einzelverfehlungen unter uns als Sünden vor Gott zu qualifizieren und Schuldbewußtsein zu wecken, wo kein Grund dazu vorhanden ist. Auf der zwischenmenschlichen und gesellschaftlichen Ebene ist danach *Sünde* im christlichen Sinne all das, was im Wollen und Vollbringen dem Willen Gottes widerspricht und in der Beeinträchtigung des Wohles von Menschen dem Grundgebot der Nächstenliebe zuwiderhandelt. Sünde am christlichen Radikalkriterium der Agape gemessen wäre somit „das Verhalten eines seelisch gesunden Menschen" „(mit den dazugehörigen Motiven und Einstellungen), das anderen Menschen Leiden zufügt, das ihr Glück, ihre freie Entfaltung, ihr Wohlbefinden und ihr Leben schädigt", das andere Menschen besitzen, beherrschen und benutzen will![8] Ich stelle mir vor, daß man über eine solche Definition durchaus auch mit Pädagogen oder Psychologen ins Gespräch kommen könnte, vor allem auch deshalb, weil sie die Möglichkeit bietet, falsches Schuldbewußtsein abzubauen und vor einer peinlich auf die Erfüllung möglichst vieler Einzelgebote fixierten Gesetzlichkeit zu bewahren.

Fassen wir in fünf Thesen zusammen:

1. Das christliche Symbol „Sünde" macht aufmerksam auf *Erfahrungstatbestände der Negativität* in uns und unserer Welt, auf „Erfahrungen des Widerspruchs" und des Nicht-in-Ordnungseins. Es *deutet* diese Negativerfahrungen, *kommentiert* sie im Blick auf die konkreten Realitäten und *wird* darüber *zur kritischen Instanz* unserer Lebenspraxis und Weltwirklichkeit.[9]

2. *Empirisch aufweisbare Erfahrungen*, die dem Sündensymbol zu realistischer Verifikation verhelfen, sind die allgemeinzugänglichen Negativerfahrungen beträchtlicher Unordnung, radikaler Bosheit und namenlosen Leidens in unserer Welt und unter

---

[8] W. Neidhart/H. Ott, Krone der Schöpfung?, S. 245.
[9] G. Brockmann/D. Stoodt, Sünde, S. 119 ff.

uns Menschen die Erfahrungen des Scheiterns, der Fehlsamkeit und des Schuldigwerdens.

3. Das Symbol „Sünde" deutet und kommentiert diese negativen Erfahrungstatbestände im letzten als Implikat und Folge kreatürlicher *Entfremdung von Gott*, die nicht sein soll und wofür wir Verantwortung tragen.

4. Das *gestörte Gottesverhältnis* bringt es mit sich, daß wir nicht so vertrauen, glauben, lieben und hoffen können, wie das von unserer schöpfungsmäßigen Bestimmung her gemeint und verlangt ist.

5. Die symbolische Rede von Sünde bedeutet, umfaßt und erschließt in allen Einzelverfehlungen eine *bestimmungswidrige Verfallenheit des Menschen*, die Gott nicht Gott – nicht Schöpfer, Herr und Vater – sein läßt:
   - eine Verfallenheit des Menschen „an sich selbst", seine Eigensucht, Lieblosigkeit und „Vergötzung der eigenen Interessen" und Vorteile
   - eine „Verfallenheit des Menschen an die Welt in der Form von Idealen und Ideologien, Totalplänen etc., deren Verwirklichung ihm mehr gilt als der Mensch, für den die Pläne doch da sein sollten"
   - „eine Verfallenheit an die Angst vor den Menschen, vor dem Leben und vor dem Tod".[10]

3. Sünde und Erbsünde als pädagogische und religionspädagogische Problemstellung

Obwohl in der aktuellen pädagogischen wie religionspädagogischen Diskussion so gut wie totgeschwiegen, dürfen wir uns nicht vor der Aufgabe drücken, unser oben als theologisch fundamental herausgestelltes Symbol der Sünde auch pädagogisch und religionspädagogisch zu bedenken. Das verlangt freilich von uns zuvor noch das verstehende Wegräumen eines dicken dogmatischen Brockens: der Lehre „Von der Erbsünde", wie sie gemäß Art. II der Augsburgischen Konfession auch von der lu-

---

[10] K. WEGENAST, Der christliche Glaube als Lehre im Religionsunterricht, S. 233.

therischen Tradition recht entschieden vertreten wird. Es gibt kaum einen dogmatischen Topos, der von seiten der Pädagogik mehr Widerspruch provoziert hat, als die Erbsündenlehre. Seit JEAN JACQUES ROUSSEAUS berühmtem Votum am Anfang seines Erziehungsromans „Emile" (1762) „Alles ist gut, wenn es aus den Händen des Schöpfers hervorgeht" wird die Erbsündenlehre immer mehr und häufiger zum Ausdruck kindvergessener Zwangserziehung und pädagogischen Rückschritts. Besonders die Philanthropen konnten sich nicht genugtun in laut schreiender Verwerfung und Verketzerung der orthodoxen und pietistischen Erbsündenlehre. So schreibt z. B. CHRISTIAN GOTTHILF SALZMANN, neben JOHANN BERNHARD BASEDOW wohl der bekannteste und erfolgreichste Philanthrop: „Die Kinder . . . werden in ein übles Gerücht gebracht, als wenn sie Kinder des Teufels wären, und als wenn der heilige Vater . . . allein die Menschen böse gemacht hätte . . .; das Bild Gottes in jedem Säuglinge" wird verschrien, als sei es „das Bild des alten Drachen, der vom Himmel ausgeworfen ist"[11]: voll Haß und voll Bosheit gegen Gott. Und so werden sie auch von den „Lehrern behandelt, deren Hauptarbeitsmittel Ruten und Stöcke sind. Selten nur geht es in einer Stunde ohne Schläge und Kindertränen ab".[12] Daß das der Realität des damaligen Schulunterrichts durchaus entsprach und gerade die Erbsündenlehre nur allzuoft als Legitimation für eine rigoros züchtigende und strafende Erziehungspraxis herhalten mußte, bestätigen nicht nur die einschlägigen Untersuchungen zur Schulgeschichte des 18. und 19. Jahrhunderts, sondern auch die Erziehungsvorstellungen der pietistischen Pädagogik eines AUGUST HERRMANN FRANCKES (1663–1727), die in Deutschland großen Einfluß mit lange spürbaren Nachwirkungen hatte. Für dessen theologisch deduktive Pädagogik hatte neben der Beachtung von Herzensfrömmigkeit und Tatchristentum „die religiös-anthropologische These von der durch die Erbsünde radikal verdorbenen menschlichen Natur" bestimmende Bedeutung mit weitreichenden praktischen Konsequenzen. Hauptbestreben der pietistisch pädagogischen

---

[11] CHR. G. SALZMANN, Carl von Carlsberg oder über das menschliche Elend, S. 279.

[12] R. LACHMANN, Der Religionsunterricht Christian Gotthilf Salzmanns, S. 47 u. S. 71 f.

Praxis mußte es danach zunächst sein, „den bösen Eigenwillen des Kindes zu brechen" und ihm „durch lückenlose Kontrolle und permanente Beschäftigung keine Chance zur Entfaltung zu geben". Alle didaktisch-methodischen Maßnahmen standen folglich unter dem Prinzip, keinerlei freie Zeit „zu gewähren, sondern den Tagesablauf von früh bis spät durch Beten und Arbeiten auszufüllen". Spielen war verpönt und verboten, rigoroses Strafen dagegen verlangt und stets berechtigt und gerechtfertigt.[13] Im Gefolge solcher Einstellung werden die tiefgehende Skepsis und die entschiedenen Proteste unmittelbar verständlich, die von engagierten Pädagogen bis heute immer wieder gegenüber der Lehre von der Erbsünde geäußert worden sind. Der Tenor der Kritik ist seit Salzmann stets der gleiche geblieben: Diese Lehre knicke und breche eben des Menschen Natur, statt sie zu entfalten; sie beraube den Menschen des zu jedem tüchtigen Handeln notwendigen Selbstvertrauens, ja, entmanne ihn, wie F. A. W. DIESTERWEG in äußerster Schärfe sagen kann, und deshalb sei der Gedanke der Erbsünde für Pädagogen „der demoralisierendste aller Glaubenssätze" (Ellen Key)! Fürwahr harte Urteile, die hier gefällt werden. Wir wollen uns ihnen religionspädagogisch stellen und müssen uns dazu in einem ersten Schritt mit dem *Verständnis der Erbsündenlehre* in der heutigen theologischen Diskussion auseinandersetzen.

Obwohl der Begriff „Erbsünde" ob seiner traditionellen Verwurzelung auch in Zukunft nicht aus der theologischen Sprache und Debatte verschwinden wird, herrscht unter den Theologen allgemeine Einigkeit darüber, daß diesem Begriff nicht nur der biblische Schriftgrund fehlt, sondern er darüber hinaus auch systematisch-theologisch äußerst mißverständlich ist. Die Bibel bezeugt zwar die allgemeine Sündhaftigkeit der Menschen (Gen 8,21; Ps 51,3–7; Hiob 14,1–4; Röm 3,9–18), aber von einer Vererbung der Sünde ist selbst an den beiden Hauptstellen für die Erbsündenlehre – der Sündenfallgeschichte in Gen 3,16–19 und der Adam-Christus-Spekulation in Röm 5,12 ff. – mit keinem Wort die Rede. Das macht es uns leichter, das mit den Begriffen „Vererbung – Erbsünde" immer wieder gepflegte Miß-

---

[13] H. BLANKERTZ, Theorien und Modelle der Didaktik, S. 18 ff.; vgl. P. MENCK, Die Pädagogik August Hermann Franckes, S. 27 ff. u. R. LACHMANN, Art. Kind, S. 161 ff.

verständnis, als werde die Sünde wie eine schlechte Anlage durch menschliche Zeugung und Fortpflanzung naturhaft vererbt, ein für allemal abzubauen. Diese falsche Auffassung, die sich in der dogmatischen Tradition vor allem auf den Kirchenvater Augustin berufen kann, brachte es mit sich, daß vorrangig der Akt der Zeugung und damit die Geschlechtlichkeit insgesamt als sündig verpönt und disqualifiziert wurde. Demgegenüber sei hier ausdrücklich festgestellt, daß es sich bei dem von der traditionellen Theologie irreführend als Erbsünde bezeichneten „Sachverhalt" weder um ein körperliches noch geistiges Merkmal handelt, das im biologischen Sinne vererbt werden könnte. Bei dem mit Erbsünde Gemeinten geht es also niemals um eine Vererbung physischer oder psychischer Merkmale! *Was aber ist dann unter Erbsünde zu verstehen?*

Mit dem symbolischen Begriff der Erbsünde soll die einfache und einleuchtende Erfahrung eingefangen und ausgedrückt werden, daß die Sünde bei allen Menschen vorkommt, daß jeder in die Sünde schon hineingeboren wird und somit das Sündigsein und Sündigwerden stets und ständig den Rahmen abgibt, innerhalb dessen sich menschliches Leben vollzieht. Der Erbsündenbegriff will also die *Allgemeinheit* und die *Unentrinnbarkeit der Sünde* zur Sprache bringen. Anders ausgedrückt besagt das: Das sündhaft Böse „kommt nicht nur aus dem Menschen, sondern über den Menschen. Er tut nicht nur die Sünde, sondern er findet sich in ihr, soweit er in seinem Leben zurückdenken kann, vor. Er ist nicht nur Subjekt, sondern zugleich auch Objekt der Sünde. Er hat die Sünde in der Hand, zugleich aber hat die Sünde auch ihn in der Hand".[14] Mit dieser Umschreibung hat das Entscheidende am Erbsündengedanken seinen Ausdruck gefunden: Sünde ist nicht nur je meine persönliche Einzelschuld, sondern immer zugleich auch überpersönliches Verhängnis, in das ich schicksalhaft und unentrinnbar verstrickt bin. Zwei einfache Beispiele mögen das veranschaulichen[15]: „Ein Mensch, dem ich nicht ausweichen kann (ein ‚Nächster‘), begegnet mir mit Vorurteilen. Ich spüre seine feindselige Haltung und begegne ihm defensiv und ähnlich feindselig und vorurteilsgeladen. Trotz beiderseiti-

---

[14] H. G. Pöhlmann, Abriß der Dogmatik, S. 187.
[15] H. Ott, Mensch sein heißt Sünder sein. In: W. Neidhart/H. Ott, Krone der Schöpfung?, S. 250–264, bes. S. 260 f.

gen guten Willens, Mißverständnisse durch Aussprachen aus dem Weg zu räumen usw., kommen wir nicht ganz miteinander zurecht. Wir sind zu verschieden. So machen wir einander das Leben zur Last. Unsere Verschiedenheit ist durch Herkunft und Anlage bedingt." Ein Außenstehender kann, so scheint es, ihre Gründe erkennen. Man kann psychologisch erklären, warum diese zwei Menschen sich nicht verstehen können. Dennoch kann sich keiner herausreden. Jeden trifft Schuld. Keiner von beiden kann sich dispensieren. Beide sind aufgerufen, ihre Schuld auf sich zu nehmen. Tun sie es nicht, so sind sie auch nicht fähig, ein Wort, eine Tat, ein Angebot der Vergebung und des Neubeginns zu vernehmen, wodurch allein der Teufelskreis durchbrochen werden könnte, sondern vertiefen nur den Graben. – Ein anderes Beispiel: Ich lebe als Glied einer kapitalistischen Gesellschaft mit höchstem Lebensstandard und bin damit in einem kollektiven Sinne mitschuldig an der „Ausbeutung" der Armen und Hungernden in der Dritten Welt. „Ich ‚kann nichts dafür'; ich kann durch meine Einzelaktion die Zustände nicht ändern – und doch: Wollte ich mich und alle, die in meiner Lage sind, mit (leicht zu findenden) . . . Ausreden von dieser solidarischen Mitschuld dispensieren, so wäre jede Chance vertan, das himmelschreiende Unrecht dieser Zustände jemals zu ändern". In beiden Fällen – dem zwischenmenschlichen und gesellschaftspolitischen – „ist Sünde Verhängnis, unausweichliche Verstrickung – und gleichzeitig liegt ihr schuldhafter, das Personsein beanspruchender Charakter offen zutage". „So begegnet uns das Böse auf doppelte Weise: in der schuldhaften Tat des einzelnen und in den Verstrickungen, in die wir miteinander geraten. Gerade bei Krieg, Verfolgung, Unterdrückung (SED/Mafia/Krieg) zeigt sich, daß die Sünde nicht nur persönlich, sondern auch überpersönlich ist. Eine genaue Abgrenzung ist nicht möglich; denn in jeder Einzelschuld wirkt auch Verstrickung mit, und jede Verstrickung beruht auf persönlicher Schuld. Keiner kann sich aus diesem Zusammenhang lösen; denn keiner lebt für sich allein".[16] – Das also ist gemeint, wenn heute theologisch von Erbsünde geredet wird: Eine Vertiefung des oben in unseren fünf Thesen herausgestellten Verständnisses von Sünde durch Betonung ihrer Allge-

---

[16] Evangelischer Erwachsenenkatechismus, S. 271.

meinheit und Unentrinnbarkeit bei ständiger Verschränkung von Schuld und Verhängnis. –

Kommen wir im zweiten Schritt wieder zurück zur pädagogischen und religionspädagogischen Anfrage an das dargestellte christliche Sünden- und Erbsündenverständnis. Ist es wirklich so, wie immer wieder behauptet wird, daß mit der ernsthaft in Rechnung gestellten Voraussetzung allgemeiner Sündhaftigkeit das pädagogische Geschäft und Anliegen von Grund auf sabotiert ist? Das auffällige Schweigen der religionspädagogischen Gegenwartsliteratur an dieser Stelle könnte in der Tat so gedeutet werden. Wäre dem so, so müßte das den Abschied von einer Religionspädagogik bedeuten, die gleichermaßen von der Theologie wie von der Pädagogik her begründet sein will. Da genau das aber der hier vertretene religionspädagogische Ansatz ist, ist vorgezeichnet, in welche Richtung die Antwort auf die gestellte Frage gehen wird. *Religionspädagogischer Grundsatz* ist hier: Evangelische Erziehung muß mit der Realität der Sünde rechnen, darf sich aber von ihr nicht maßgeblich bestimmen lassen! Was das im einzelnen bedeutet, soll abschließend in *fünf Thesen* aufgezeigt werden.

1. Gemäß dem grundsätzlich lebensförderlichen Willen Gottes muß jede evangelische Erziehung gründen in der schöpfungsmäßigen Vorgabe Gott-geschenkter Existenz, die Urvertrauen und Liebe ermöglicht, verlangt und verheißt. Das ist die maßgebliche Basis für unser Erziehen; dessen maßgeblicher Horizont ist entsprechend die schöpfungsmäßige Bestimmung unserer Edukanden, ihre „Neuschöpfung", wie es in biblischer Sprache heißt. *Schöpfungsmäßige Vorgabe und Bestimmung* stecken somit den Raum ab, in dem wir nach allen Regeln pädagogischer und religionspädagogischer Kunst erziehen sollen und können. Das ist die vorgängig und vorrangig positive und optimistische Grundannahme und Hoffnungsperspektive evangelischer Erziehung. Ihr kommt maßgebliche Priorität zu! Nichts anderes signalisiert die symbolische Handlung der Säuglingstaufe: Vor allem menschlichen Handeln, Leisten und Erziehen spricht Gott sein großes „Ja" zu dem neugeborenen Kind.

2. *Nur* unter solch positiver Voraussetzung kann die Realität der Sünde als Verhängnis und Schuld pädagogisch angemessen in Anschlag gebracht werden. Nicht um anzuklagen oder zu entschuldigen, sondern um zu sehen und zu beachten, wie es wirklich um uns und die Kinder bestellt ist, die wir erziehen sollen. Hier ist der Raum freigegeben für den *Realismus theologischer Anthropologie* zwischen Schöpfungsvorgabe, Sündersein und „gerechtfertigter" Neuschöpfung.

3. Die *pädagogische Inrechnungstellung von Sünde* bewahrt das Erziehungsdenken vor einseitig optimistischem Fehlschluß und verhindert eine flache ‚Heile-Welt- und Heile-Kind-Vorstellung', der auch von einer realistischen Pädagogik längst der Abschied gegeben ist. Das kritische Urvertrauen, das wir unseren Kindern vermitteln wollen, muß so offen und wirklichkeitsnah angelegt sein, daß es die Negativerfahrungen mit dem eigenen Leben und der umgebenden Welt, daß es Scheitern, Schuld und böses Verhängnis auszuhalten vermag.

4. Die religionspädagogische Beachtung und Behandlung von Schuld- und Verhängniserfahrungen soll nicht in anklagender und ich-schwächender Absicht geschehen, sondern soll *befreien* und positiv *motivieren*. Durch Aufklärung über das, was nach christlichem Verständnis wirklich als Schuld und Sünde im zwischenmenschlichen Bereich zu gelten hat, soll befreit werden von falschen Schuldgefühlen, die sich nicht am Liebesgebot orientieren, sondern gesetzlich bestimmt werden von einer überängstlichen Ernstnahme sekundärer Normen. Durch Aufmerksammachen auf das, was der schöpfungsmäßigen Bestimmung des Menschen entgegensteht, sollen außerdem Motivationen freigesetzt werden zur kritischen Reflexion sowohl „auf die Hindernisse wie auf die Möglichkeiten des Menschen, seiner Bestimmung gerecht zu werden".[17]

5. Die pädagogische und religionspädagogische Ernstnahme von Schuld und Sünde muß dazu dienen und darauf abzielen, Kinder zu ich-starken Menschen zu erziehen, die sowohl verantwortungs- wie auch schuldfähig sind. Ethische Erziehung (oder Gewissenserziehung) darf deshalb nicht nur einseitig auf die Befähigung der Kinder zu sittlicher Entscheidung gerichtet sein, sondern muß auch ihr mögliches Scheitern und Schuldigwerden mit einkalkulieren und dazu instandsetzen, im gegebenen Fall Schuld auf sich zu nehmen, zu ertragen und, soweit möglich, zu bewältigen.

---

[17] W. LOHFF, Glaubenslehre und Erziehung, S. 52.

V. Gott in Christus –
gerechtfertigte und hoffende Existenz

1. „Rechtfertigungs"-Zitate

Mit fünf berühmten Zitaten aus der christlichen Tradition soll die Auseinandersetzung mit dem Glaubenssymbol der Rechtfertigung eingeleitet werden:

Jesus „sagte aber zu einigen, die sich anmaßten, fromm zu sein, und verachteten die andern, dies Gleichnis: 10 Es gingen zwei Menschen hinauf in den Tempel, um zu beten, der eine ein Pharisäer, der andere ein Zöllner. 11 Der Pharisäer stand für sich und betete so: Ich danke dir, Gott, daß ich nicht bin wie die andern Leute, Räuber, Betrüger, Ehebrecher oder auch wie dieser Zöllner. 12 Ich faste zweimal in der Woche und gebe den Zehnten von allem, was ich einnehme. 13 Der Zöllner aber stand ferne, wollte auch die Augen nicht aufheben zum Himmel, sondern schlug an seine Brust und sprach: Gott, sei mir Sünder gnädig! 14 Ich sage euch: Dieser ging gerechtfertigt hinab in sein Haus, nicht jener" (Lk 18,9–14).

„Nun aber ist ohne Zutun des Gesetzes die Gerechtigkeit, die vor Gott gilt, offenbart, bezeugt durch das Gesetz und die Propheten. 22 Ich rede aber von der Gerechtigkeit vor Gott, die da kommt durch den Glauben an Jesus Christus zu allen, die glauben. Denn es ist hier kein Unterschied: 23 sie sind allesamt Sünder und ermangeln des Ruhmes, den sie bei Gott haben sollten, 24 und werden ohne Verdienst gerecht aus seiner Gnade durch die Erlösung, die durch Christus Jesus geschehen ist. 25 Den hat Gott für den Glauben hingestellt als Sühne in seinem Blut zum Erweis seiner Gerechtigkeit, indem er die Sünden vergibt, die früher 26 begangen wurden in der Zeit seiner Geduld, um nun in dieser Zeit seine Gerechtigkeit zu erweisen, daß er selbst gerecht ist und gerecht macht den, der da ist aus dem Glauben an Jesus. 27 Wo bleibt nun das Rühmen? Es ist ausgeschlossen. Durch welches Gesetz? Durch das Gesetz der Werke?

Nein, sondern durch das Gesetz des Glaubens. 28 So halten wir nun dafür, daß der Mensch gerecht wird ohne des Gesetzes Werke, allein durch den Glauben" (Röm 3,21–28).

„Ich", sagt Martin Luther 1545 in seiner Vorrede zu Band 1 der lateinischen Schriften, „konnte den gerechten, die Sünder strafenden Gott nicht lieben, im Gegenteil, ich haßte ihn sogar. Wenn ich auch als Mönch untadelig lebte, fühlte ich mich vor Gott doch als Sünder, und mein Gewissen quälte mich sehr. Ich wagte nicht zu hoffen, daß ich Gott durch meine Genugtuung versöhnen könnte . . . So wütete ich wild und mit verwirrtem Gewissen, jedoch klopfte ich rücksichtslos bei Paulus an dieser Stelle an; ich dürstete glühend zu wissen, was Paulus wollte.

Da erbarmte sich Gott meiner. Tag und Nacht war ich in tiefe Gedanken versunken, bis ich endlich den Zusammenhang der Worte beachtete: ‚Die Gerechtigkeit Gottes wird im Evangelium offenbart, wie geschrieben steht: Der Gerechte lebt aus dem Glauben.' Da fing ich an, die Gerechtigkeit Gottes als eine solche zu verstehen, durch welche, weil sie Gottes Gabe ist, der Gerechte lebt, nämlich aus dem Glauben . . . Da fühlte ich mich wie ganz und gar neu geboren, und durch offene Tore trat ich in das Paradies selbst ein. Da zeigte mir die ganze Schrift ein völlig anderes Gesicht . . . Mit so großem Haß, wie ich zuvor das Wort ‚Gerechtigkeit Gottes' gehaßt hatte, mit so großer Liebe hielt ich jetzt dies Wort als das allerliebste hoch".[1]

„IV. Von der Rechtfertigung. Weiter wird gelehrt, daß wir Vergebung der Sunde und Gerechtigkeit vor Gott nicht erlangen mogen durch unser Verdienst, Werk und Genugtun, sonder daß wir Vergebung der Sunde bekommen und vor Gott gerecht werden aus Gnaden umb Christus willen durch den Glauben, so wir glauben, daß Christus fur uns gelitten habe und daß uns umb seinen willen die Sunde vergeben, Gerechtigkeit und ewiges Leben geschenkt wird. Dann diesen Glauben will Gott fur Gerechtigkeit vor ihme halten und zurechnen, wie Sant Paul sagt zu Romern am 3. und 4." (CA Art. 4) –

Von Jesus über Paulus und Luther zur Hauptbekenntnisschrift der lutherischen Kirche – ohne Übertreibung klassische Texte der berühmten *Rechtfertigungslehre*, jenem Glaubensartikel, mit

---

[1] Nach H. Schultze (Hrsg.), Martin Luther. Grundtexte christlichen Glaubens.

dem nach Meinung der Lutheraner die Kirche steht und fällt („articulus stantis et cadentis Ecclesiae"). Es ist sicher notwendig, sich in unserem thematischen Zusammenhang dieser reformatorischen Zentrallehre einmal wieder zu erinnern. Doch wen von uns, die wir eben diese Fundamentaltexte der Rechtfertigungslehre gelesen haben, hat dieser Glaubensartikel noch übermäßig bewegt, wen gar könnte er heute noch – wie es einst Martin Luther geschah – von Grund auf existentiell umkehren? Viel eher scheint es doch so, als ob die Hauptstreitfrage der Reformationszeit die Menschen unserer Zeit relativ kalt läßt. Luthers Frage nach der Gerechtigkeit Gottes, danach, wie man einen gnädigen Gott bekommen könne, scheint nicht mehr unsere Frage zu sein. Doch stimmt das denn wirklich so? Gehen wir die Rechtfertigung einmal nicht von Gott her an, sondern setzen beim Menschen an, seinem unbestreitbaren Bedürfnis nach Rechtfertigung, Anerkennung und Entschuldigung, dann sieht das gleich ganz anders aus. Da schießt einem die Relevanz des Stichworts Rechtfertigung geradezu ins Blut und verlangt tieferes Nachdenken.

2. Der gnädige Gott in Jesus Christus

Hier ist nun der Ort, wo wir an dem nicht mehr vorbeikommen, der christlichen Glauben fundamental bestimmt, ohne den es christlichen Glauben nicht gibt: Jesus von Nazareth mit dem Beinamen Christus! Alles, was wir bisher über Gott, den guten Schöpfer und Vater, und seinen guten Willen gesagt haben, wäre so nicht sagbar gewesen ohne den christlichen Deutungsschlüssel Jesus Christus. Ohne die Nachricht von diesem Mann, seinem Tun und Reden, Sterben und Auferstehen, von der machtvollen Ohnmacht seiner Liebe, die auch die letzte Sinnlosigkeit, den Tod, vertrauensvoll, liebevoll und hoffnungsvoll aus den Angeln hebt, wäre der in diesem Buch hartnäckig verfolgten Auslegung unserer Welt- und Lebenswirklichkeit von einem letztgültigen und letzttragenden Vertrauen her der entscheidende Grund entzogen. Die gefallene Schöpfung mit ihrem hoffnungslosen Slogan „Siehe, es ist, bleibt und geht alles kaputt!" könnte sich sehr schnell zum alleinigen Herrn unserer Welt- und Lebensdeutung aufschwingen. Scheitern und Mißtrauen, Verletzen und Beherrschen, Leisten und Versagen würden damit für unser Leben das letzte Wort behalten, zur bestimmenden Lebenshaltung werden. Wer sich dagegen auf das Christentum und sein Grundereignis Jesus Christus einläßt, der bekommt es mit einem anderen Lebensverständnis zu tun, dem wird ein anderer Deutungsschlüssel an die Hand gegeben und die Möglichkeit einer anderen Grundhaltung angeboten. Sie „erfährt der Mensch angesichts des Geschickes Jesu von Nazareth: daß (nämlich) der letzte Grund und Sinn alles Seins Liebe ist". Am konkreten raumzeitlich festzumachenden Leben des Mannes aus Nazareth begegnet dem Glauben diese Wahrheit, die Wahrheit Gottes. An Jesus, an dem, was er getan und gesagt, was ihm widerfahren ist, können wir „ablesen, wer und wie Gott für uns ist".[2] Jesus Christus ereignet uns mit seinem Leben, Sterben und Auferstehen Gott als die Liebe![3] Wer diese christologische Aussage verstanden hat, hat das Christentum verstanden und weiß, worauf im Leben es letztlich ankommt.

Schauen wir uns unter der Perspektive der Rechtfertigung an, wie diese Ereignung Gottes („Offenbarung" Gottes) im konkreten Leben des Jesus von Nazareth aussieht. „Jesus in schlechter Gesellschaft" heißt ein bekanntes Jesusbuch unserer Tage, ein Titel, der exakt trifft, was bei aller Umstrittenheit der historischen Daten eines Lebens Jesu nicht umstritten ist: Jesus trat während seiner öffentlichen Wirksamkeit tatsächlich vorwiegend als Freund und Genosse von Zöllnern und Sündern, Kranken und Ausgestoßenen auf. Er suchte ihre Gesellschaft, nahm sie an und schenkte ihnen Gemeinschaft. Aus den zahlreichen Anfeindungen und Verleumdungen, die Jesus daraus erwachsen, aus den lebensgefährlichen Auseinandersetzungen mit denen, die zu jener Zeit in Jerusalem gesellschaftlich und religiös das Sagen hatten, wissen wir, in welch gravierender Weise Jesus hier aus der Rolle fiel. Die Rolle, die ihm die Gesellschaft zuwies, mißachtete er; stattdessen aß, trank und redete er mit nicht gesellschaftsfähigen Leuten: Zolleintreiber, ehemalige Prostituierte, Fischer, Tagelöhner waren seine Gesellschaft, alles Menschen, die sich wenig um die überlieferten Reinheitsvorschriften kümmerten oder kümmern konnten. Uneingeschränkt, ohne sich durch irgendwelche fremde Rücksichten daran hindern zu lassen, wandte

---

[2] H. ZAHRNT, Gott kann nicht sterben, S. 248 f.
[3] Vgl. dazu genauer und konkreter u. S. 109 ff.

Jesus sich den Outcasts, den Verlorenen zu.[4] Das tat er, tatsächlich und unbestreitbar. Doch damit nicht genug; er beließ es nicht bei seinem skandalösen Verhalten und Handeln, sondern bedachte es gleichzeitig mit noch skandalöseren Deutungen; sein Handeln und Auftreten wurde zum symbolischen Ausdruck seiner Botschaft: „Ich bin gekommen, die Sünder zu rufen und nicht die Gerechten" (Mk 2,17); den Sündern zu vergeben und nicht denen, die zuvor durch Gesetzeserfüllung, Bußwerke und andere Leistungen gerechten Anspruch auf Vergebung meinen erwirkt zu haben. Hier wird etwas auf den Kopf gestellt; hier wird an den Fundamenten des „gesunden" religiösen Empfindens gerüttelt: Den Verrätern, Betrügern und Ehebrechern wird gegenüber den Frommen und Gerechten Recht gegeben (Lk 18,10–14). Dem zuhause hart Arbeitenden wird der heruntergekommene Gammler-Bruder vorgezogen (Lk 15,11–32). Den Einheimischen wird ein verhaßter Ausländer und dazu noch Ketzer als Vorbild hingestellt (Lk 10,30–37). Und am Ende werden dann alle denselben Lohn erhalten (Mt 20,1–16). Was für eine verrückte Gerechtigkeit, was für eine Umwertung aller Rangfolgen!

Und was für eine *Vergebung*, die Jesus lebt, verkündigt und zuspricht! „Jedem ist da offensichtlich eine Chance angeboten, unabhängig von sozialen, ethnischen, politisch-religiösen Grenzen. Und zwar ist er schon angenommen, bevor er umkehrt." Angenommen ohne Vorleistung! „Zuerst die Gnade, dann die Leistung! Der Sünder, der alle Strafe verdient hat, ist begnadigt ... Vergebung ist ihm geschenkt: er braucht das Geschenk nur anzunehmen und umzukehren. Eine eigentliche Amnestie – umsonst: er braucht nur vertrauensvoll daraus zu leben. So gilt denn *Gnade vor Recht*. Oder besser: Es gilt das *Recht der Gnade*! Nur so ist die neue bessere Gerechtigkeit möglich. Aus vorbehaltloser Vergebung: einzige Vorbedingung das gläubige Vertrauen ...; einzige Konsequenz das großmütige Weitergeben der Vergebung". Wie aber begründet und rechtfertigt Jesus solche Vergebung? Warum darf man vergeben statt zu verurteilen, warum geht Gnade vor Recht? Jesu Antwort ist eindeutig und präzis: „Weil Gott selbst nicht verurteilt, sondern vergibt! Weil Gott selbst in Freiheit Gnade vor Recht gehen läßt, das Recht der Gnade übt! So erscheint Gott durch" viele Gleichnisse Jesu

---

4 Vgl. H. GREWEL, Christentum – was ist das?, S. 83 f.

„hindurch in immer neuen Variationen als der Generöse: als der großmütig sich erbarmende König (Mt 18,23–27), als der großzügig verzichtende Geldverleiher (Lk 7,41–43), als der suchende Hirte (Lk 15,1–7), als die nachforschende Frau (Lk 15,8–10), als der entgegenlaufende Vater (Lk 15,11–32), als der den Zöllner erhörende Richter (Lk 18,9–14). Immer wieder neu ein Gott grenzenlosen Erbarmens und alles übersteigender Güte. (Und) der Mensch soll gleichsam Gottes Geben und Vergeben durch sein Geben und Vergeben abbilden".[5] – Jesus verkündet das alles ohne große Gnadentheologie. Er spricht davon sozusagen im Vollzug; er spricht mit den Gleichnissen im Wort zu, was in seiner Tat, seiner Annahme der Sünder, geschah: Vergebung. In Wort und Tat ereignete er den Menschen, die ihm betroffen und aufgeschlossen begegneten, Gott als den vergebenden Vater: Nicht Bestrafung der Bösen, sondern die Rechtfertigung der Sünder. Das ist das Umwertende, Umwerfende an Jesu Gottesereignung, was er nicht nur verkündete, sondern auch direkt dem einzelnen Schuldiggewordenen zuzusprechen wagte!

Für eben diese Verkündigung und dieses vollmächtig vergebende Handeln hat Jesus nach neutestamentlicher Überlieferung den *Kreuzestod* erlitten. Sicher die radikalste Infragestellung all dessen, was Jesus im Sinne des gnädigen Gottes verkündigt und getan hat. Jesu Todesgeschick am Kreuz, sein schrecklicher Todesschrei »Mein Gott, mein Gott, warum hast Du mich verlassen?" (Mk 15,34) „offenbart" und ereignet für sich genommen nur die totale Verborgenheit, ja Abwesenheit des gnädigen Gottes. Erst der christliche Glaube an die *Auferstehung* des Gekreuzigten verleiht diesem Wahnsinnsgeschehen Sinn auf der Linie des von Jesus Verkündigten und wird von daher für die christliche Gemeinde zur Bestätigung seiner Botschaft von der Rechtfertigung der Sünder über sein irdisches Scheitern hinaus. Ja, von der Auferstehung her wird sogar Jesu Kreuzigung zum gewißmachenden Zeichen für die frohe Botschaft von der vorleistungslosen Annahme durch den vergebenden Gott: „Der Gekreuzigte, der in absoluter Passivität zu keiner Leistung mehr fähig ist und der schließlich (durch seine Auferweckung) doch gegen die Vertreter der frommen Leistungen als der von Gott Gerechtfertigte dasteht, ist und bleibt das lebendige Zeichen Gottes dafür, daß

---

[5] H. KÜNG, Christ sein, S. 264 f.

das Entscheidende nun eben doch nicht vom Menschen und seinen Taten, sondern – zum Wohl des Menschen im Guten wie im Bösen – vom barmherzigen Gott abhängt".[6] So setzt das Kreuz Christi im Lichte der Auferweckung die Heilszusage des Evangeliums für alle Menschen und alle Zeiten in Geltung. Besonders pointiert im Sinne der Rechtfertigungslehre hat Paulus diese Heilszusage ausgelegt, wenn er vom Gekreuzigten und Auferweckten her „als Zentralpunkt seiner Botschaft verkündigt, daß der Mensch nicht aufgrund seiner Leistungen vor Gott und Menschen gerechtfertigt dasteht". Wie Jesus verwarf auch Paulus nicht die Leistungen an sich. Gute Taten und Leistungen sind wichtig! Aber sie sind nicht das, worauf es im letzten ankommt. Entscheidend ist das Vertrauen, das „unbedingte, unerschütterliche Sich Gott-Anvertrauen" dürfen – ungeachtet unserer mißtrauischen Sündhaftigkeit, unserer „eigenen Fehlleistungen und Schwächen, ungeachtet aber auch der eigenen positiven Leistungen, Vorzüge, Verdienste und Ansprüche".[7] Ohne etwas vorweisen, vormachen oder vertuschen zu müssen, unbedingt auf den gnädigen Gott vertrauen zu dürfen, das heißt gerechtfertigt leben, das macht *gerechtfertigte Existenz* aus. Hier bekommt der christliche *Schöpfungsglaube*, wonach wir unser Leben einem Gott verdanken, der es gut mit uns meint, dem wir unbedingt vertrauen können, seine Begründung und Bestätigung von der Christusbotschaft her. Verdankte und gerechtfertigte Existenz konvergieren und werden im Vertrauensangebot identisch, weil die gestörte Existenz durch Sündenvergebung und Rechtfertigung gleichsam entstört wird. Die Entfremdung des Menschen von Gott, seine schöpfungsmäßige Bestimmungswidrigkeit in Schuld und Schicksal wird mit der Annahme der Vergebung im Glauben je aktuell überwunden. Die Bestimmung des Menschen als Gottes Geschöpf wird wiederhergestellt; mit der Rechtfertigung empfängt der Glaubende sein Leben gleichsam neu: Es wird ihm unbelastet von dem, was er sich in der Vergangenheit geleistet hat, und ohne Sorge vor dem, was er sich in Zukunft noch alles leisten wird, mit der Sündenvergebung ein neuer Anfang ermöglicht und geschenkt. Unbedingtes Angenommensein „ohn all Verdienst und Würdigkeit" – darauf dürfen wir uns

---

[6] H. KÜNG, ebd. S. 579.
[7] Ebd.

verlassen, wenn wir uns auf das Evangelium einlassen. Dann sind wir nicht verlassen, weil wir uns selbst, unsere Angst um uns selbst, auf Gottes Zusage hin losgelassen haben. Wir sind anerkannt, wir sind angenommen – darauf kommt es letztlich an! Wir bekommen wieder Boden unter die Füße, wir bekommen wieder Zutrauen zu uns selbst, wir können wieder einmal neu anfangen! Das meint Rechtfertigung „allein aus Glauben ohne des Gesetzes Werke" (Röm 3,28). Wer sich darauf einläßt, es mit diesem christlichen Angebot versucht, dem können daraus Impulse, Motive und Kräfte erwachsen für sein Handeln und seine Lebenspraxis: Er kann sich wieder selbst annehmen, kann sich unbefangener von anderen annehmen lassen, kann selbst andere annehmen und kann sich schließlich der Dinge annehmen, die in unserer Gesellschaft und Welt im argen liegen. Wir sind von Gott so, wie wir sind, unbedingt angenommen – das ist für den Christen die *entscheidende Annahme*; daraus folgen alle anderen Annahmen!

3. Der Mensch – das auf Anerkennung angewiesene Wesen

Es ist eine bekannte Erfahrung, daß es sich mit Menschen, von denen man weiß, sie mögen und akzeptieren einen, viel leichter reden und auch kontrovers diskutieren läßt als mit Menschen, von denen man das Gefühl hat, eigentlich lehnen sie dich ab und akzeptieren dich nicht! Spüren wir solche Ablehnung, dann geht es in einer Diskussion sehr bald nicht mehr um das Sachproblem, sondern einzig und allein noch um den Kampf um die eigene Selbstbehauptung mit allen damit verbundenen Animositäten und verletzenden Reaktionen, mit einem ganzen Apparat von Entschuldigungen, Abschiebemechanismen und Abwehrmanövern. Hier deutet sich m. E. in concreto an, was grundsätzlich für unser Leben im ganzen gilt: Wir können nicht leben, ohne daß andere Menschen uns anerkennen, unseren Wert bestätigen, unsere Leistungen achten, uns zeigen, daß sie etwas von uns halten. Kein Mensch kann ohne Resonanz, ohne das Gefühl akzeptiert zu werden, wirklich leben. Ein Blick auf unser alltägliches Leben und Verhalten bestätigt das: Was tun wir nicht alles, um das zu erreichen? Wir wollen gute Freunde und Vorgesetzte, kluge Studierende und Dozenten, verständnisvolle Mütter und Väter, prächtige Liebhaber und großartige Eheleute sein und von unseren Kolleginnen und Kollegen respektiert werden. Und wenn uns das, wie so oft, nicht gelingt, wenn wir enttäuschen, versagen und scheitern, dann fällt es uns meist sehr schwer, unser Versagen und Fehlen zuzugeben, wir suchen tausend Entschuldigungsgründe, die nicht selten in Beschuldigungen umschlagen, oder wir verfallen in verzweifelte Selbstbezichtigung, verlieren die Achtung vor uns selbst und damit den Boden unter den Füßen.

Kein Zweifel: *Wir brauchen Anerkennung, um leben zu können.* Wir möchten „wer" sein, möchten Ansehen bei unseren Mitmenschen haben, möchten bei ihnen etwas gelten! Und wie bekommt man das alles bei uns, in unserer Gesellschaft? Indem man etwas leistet! Bei uns kommt es darauf an, was einer leistet! Daran werden wir erbarmungslos gemessen; vor diesem Richterstuhl müssen wir uns vom Morgen bis zum Abend verantworten und rechtfertigen: *Leistest du was, so bist du was!* Das ist das Programm, in das wir hineingespannt sind, auf das wir programmiert sind. So wird unser ganzes Leben sehr schnell zu einem höchst strapaziösen und rasch verschleißenden „Leistungssport" mit ständigen Leistungskontrollen: Vom Berufs- bis zum Sexualleben nur ja kein Leistungsabfall, wo immer möglich eine Leistungssteigerung. Und so geraten wir in ein Leisten-müssen ohne Ende. Nicht mehr vor Gott meinen wir uns rechtfertigen zu müssen, dafür aber umso mehr vor unseren Mitmenschen. Denn ohne Rechtfertigung, ohne Anerkennung vermag der Mensch offensichtlich nicht zu leben. Bekommt er sie nicht von Gott, so muß er sie sich selbst schaffen. Wir müssen unser Leben dann selbst verdienen: durch Leistungen ohne Ende. Das führt sehr leicht zum Leistungskult, zum Kult des Erfolgs; zum alleinigen Bestätigungsrepertoire, auf das wir unser Leben bauen und vertrauen!

Wer von uns ist diesem „Gott" nicht mehr oder weniger verfallen? Wer von uns aber auch wüßte nicht um den Zwang und die Erbarmungslosigkeit dieses „Leistungsgottes"? Paulus spricht von dem „Fluch des Gesetzes": durch peinliche Befolgung aller Gesetze das Leben gewinnen wollen und es verlieren! Nichts anderes erfahren wir in unserer modernen Welt: durch Leistenmüssen ohne Ende uns Ansehen verschaffen wollen und uns

verlieren! Ständig unter Leistungszwang, Zugzwang, Erfolgs-
zwang müssen wir uns selbst vor dem Forum unserer Umwelt,
vor der Gesellschaft, vor uns selbst rechtfertigen. Fixiert auf
unsere Leistungen, von unserer Anerkennungssucht beherrscht
und stets darauf aus, nur uns selber zu bestätigen – eine leider nur
allzu wahre Zustandsbeschreibung unseres täglichen Lebens!
Wie gut wir damit leben können, hängt scheinbar vor allem
daran, wie leistungsstark und erfolgreich wir sind. Die existentiellen Einbrüche und Zusammenbrüche müßten dann erfolgen,
wenn wir nichts mehr leisten können, wenn wir in unseren
Leistungen nachlassen oder die von uns verlangten Leistungen
nicht oder nicht mehr erbringen können. Wenn wir arbeitslos
werden, wenn wir durch Krankheit nichts mehr leisten können!
Die Brüchigkeit dieses „Leistungsgottes", auf den wir so kräftiglich vertrauen, wird hier spürbar deutlich. Doch muß es nicht erst
zu solchen Leistungseinbrüchen kommen: Mitten im größten
Erfolg, im allseits anerkannten Leistungsstreß kann einem dieser
„Götze" fraglich werden, kann zur Frage nach dem Sinn der
ganzen Anerkennungsarbeit werden, kann bewußt werden, daß
man sich selbst, seine eigene Identität zu verlieren droht. Eine
beinahe alltägliche Erfahrung: Ich komme abends nach einem
angestrengten, zerfasernden Arbeitstag nach Hause und sage
unwillkürlich: Heute bin ich überhaupt nicht zu mir selbst gekommen! Das meint doch wohl, daß ich den ganzen Tag hindurch kaum ich selbst gewesen bin, sondern lauter von mir
verlangte Rollen spielen mußte. Ich selbst, meine Identität, droh-
te dabei verloren zu gehen. Wem käme dabei nicht das Jesuswort
in den Sinn: „Wer sein Leben erhalten will, wird es verlieren" (Mt
16,25)! Durch Leistungen, unsere Werke und unser Wirken,
durch – paulinisch gesprochen – „Werkgerechtigkeit" können
wir offensichtlich unser Leben nicht gewinnen. Es dürfte ein
Irrtum sein, sich das Leben, das unverfügbar ist, durch eigene
Leistungen verdienen zu wollen, statt es als Geschenk hinzuneh-
men. Das eben aber meint Paulus mit seiner Polemik gegen die
menschliche Werkgerechtigkeit und mit seiner Rechtfertigungslehre: Der Mensch wird vor Gott gerechtfertigt ohne des Gesetzes Werke allein aus Gnade durch Glaube!

Das ist der andere Weg, den das Christentum zum Leben
anbietet. Ein wahrhaft *bedürfnisorientierter Weg*: Es bietet mit
dem Zuspruch der Rechtfertigung vor Gott die Anerkennung an,

deren jeder Mensch zum Leben und Sterben unbedingt bedarf. „Als mein geliebtes Geschöpf, das sein Vertrauen auf mich setzt, bist Du mir – sagt Gott – recht, so wie Du bist, unabhängig von allen Leistungen und von dem, was Du Dir schon alles geleistet hast"! Das ist die Kernbotschaft des Evangeliums, die mit Jesus Christus in die Welt gekommen ist. Zugegeben: Sie steht quer zu der normalerweise von uns praktizierten Lebenseinstellung; packt uns aber zugleich bei unserem Grundbedürfnis, der unbedingten Angewiesenheit auf Anerkennung. Was geschieht, was haben wir davon, wenn wir uns auf diesen anderen Weg, auf diese andere Grundhaltung, auf den absoluten Geschenkcharakter unseres Lebens einlassen? Sicher bedeutet das nicht, daß wir von vornherein auf Leistungen verzichten und Leistungen verweigern, aus der Gesellschaft aussteigen und unseren Beruf, unsere Ausbildung aufgeben. Das wäre ein Mißverständnis und eine falsche Konsequenz. Jesus wie Paulus verwarfen Leistungen nicht an sich; sie lehnten sie vielmehr nur ab als letztgültige Mittel der Rechtfertigung und Anerkennung vor Gott und den Menschen. Sich einlassen auf die Rechtfertigungsbotschaft bedeutet dann, darum zu wissen, „daß der Mensch in seinem Beruf und seiner Arbeit nicht aufgeht, daß die Person mehr ist als ihre Rolle, daß die Leistungen zwar wichtig, aber (im letzten) nicht entscheidend sind". Worauf es letztlich ankommt, ist das „unbedingte, unerschütterliche Sich-Gott-Anvertrauen – ungeachtet aller eigenen Fehlleistungen und Schwächen, ungeachtet aber auch der eigenen positiven Leistungen, Vorzüge, Verdienste und Ansprüche. Der Mensch soll sich in allem Gott anvertrauen und empfangen, was Gott ihm schenken will".[8] Das ist der lebensförderliche Kern der christlichen Grundhaltung, der *Grundhaltung verdankter und gerechtfertigter Existenz.* Wer sich auf dieses Lebensverständnis einläßt, für den zeitigt gerade die Rechtfertigungsbotschaft nicht unerhebliche *lebenspraktische Konsequenzen.* In dreierlei Hinsicht will ich das kurz andeuten: Einmal kann die Rechtfertigungsbotschaft für unser alltägliches Leben, das von Leistungsanforderungen und Erfolgsstreben bestimmt ist, zum heilsamen Sauerteig, Spaltpilz oder kritischen Ferment werden und uns sensibel machen gegenüber den unmenschlichen Gefahren der Leistungs- und Erfolgsvergötzung. Zum anderen kann sie

---

[8] H. KÜNG, Christ sein, S. 578 ff.

uns Selbstannahme und Selbstvertrauen schenken; denn wer sich von Gott angenommen weiß, kann sich auch selbst annehmen. Man kann „ja zu sich sagen, obwohl man so ist, wie man ist und wie man selbst gar nicht sein möchte", man braucht sich „morgens vor dem Spiegel ... nicht (zu) hassen, sondern (kann sich) lieben, trotz des unsympathischen Gesichtes, das einem da wieder entgegenschaut", man kann „sein Versagen eingestehen und (muß) dennoch nicht in lauter Schuldgefühlen ertrinken", man kann „seine Körpergestalt und seine Anlagen ertragen" und mit seinen Krankheiten und Schwachpunkten fertig werden und man kann schließlich nüchtern „die Richtung und Grenzen seiner Begabung erkennen und (muß) nichts Unmögliches von sich verlangen".[9] Wer sich so selbst annehmen kann, der hat sich um sich selbst „ausbekümmert" (Zinzendorf) und wird frei und fähig, sich um die anderen und um ihr Leben in der Welt zu kümmern. Das schließt die dritte lebenspraktische Konsequenz aus der Rechtfertigungsbotschaft ein: Ich muß in meinem beruflichen und persönlichen Leben nicht „auf Teufel komm raus" den Erfolg suchen und „ohne Rücksicht auf Verluste" dem eigenen Vorteil dienen; das entkrampft und entspannt mein Verhältnis zu meinen Mitmenschen, zu meinen Kommilitonen und Kollegen, zu meinen Untergebenen und Vorgesetzten: Ich muß sie nicht mehr als Konkurrenten ansehen, die ich ausstechen muß, ich muß sie nicht zur Bestätigung meiner Autorität meine überlegene Statusmacht spüren lassen, ich muß nicht kritiklos und kriecherisch „Ja" und „Amen" sagen zu all dem, was mein Vorgesetzter meint und von mir verlangt! Im Bild gesprochen: Mit der Rechtfertigungsbotschaft unter den Füßen, im Rücken und im Auge brauche ich keine Radfahrerexistenz zu führen – muß ich nicht nach oben buckeln und nach unten treten und mir rücksichtslos meinen Erfolgsweg bahnen! Ich bin anerkannt ohne das alles, trotz alledem! Ist das nichts? Wird da nicht wider den Strich gebürstet eine Grundhaltung angeboten, die unser Leben unbeschwerter, fröhlicher, aussichtsreicher machen könnte? Vielleicht sollten wir uns vom lebensförderlichen Bazillus dieser Haltung ein wenig anstecken lassen. Nicht unmöglich, daß sich dieser Bazillus zu einer richtigen Infektion auswachsen könnte, zum Infekt einer „Krankheit zum Leben". Wahrlich, schöne Aussichten! –

---

[9] H. ZAHRNT, Warum ich glaube, S. 188.

4. Gottes Liebe – Hoffnung über den Tod hinaus

Mit dem Stichwort „schöne Aussichten" sind wir bei dem angelangt, was die Dogmatik unter der *Lehre von den letzten Dingen*, vom ewigen Leben, von der Vollendung verhandelt. Das kann uns hier noch insofern zur Begegnung mit dem dogmatischen Symbol der „Vollendung" verhelfen, als es mit der Rechtfertigungslehre zusammenhängt. Und das tut es und zwar so „kräftiglich", daß es eigentlich gar keines zusätzlichen Glaubensartikels vom ewigen Leben mehr bedarf! Vielmehr ist die Vollendung notwendiges Implikat und unabdingbare Konsequenz des christlichen Glaubens an den Gott, den uns Jesus Christus mit seinem Leben, Sterben und Auferstehen als liebenden Gott ereignet hat. Diese Liebe Gottes, die uns mit der Rechtfertigungsbotschaft hier und heute angeboten wird, kann keine eingeschränkte Liebe sein, die an der Todesgrenze halt macht und aufhört. Die Auferweckung Christi wird hier zum hoffnungsvollen Symbol dafür, daß Gottes Liebe, aus der wir leben und auf die wir vertrauen, stärker ist als der Tod. Sie „höret nimmer auf" (1. Kor 12,8), auch nicht im Sterben und Gestorbensein. Ewiges Leben heißt für den christlichen Glauben deshalb eigentlich nichts anderes, als auch im Tode in der Liebe Gottes geborgen zu sein. Das allein und zentral ist der Inhalt christlicher Hoffnung. Angesichts des Todes, angesichts der Erfahrung des endgültigen Scheiterns all unserer Lebensbemühungen dennoch an Gottes Liebe festzuhalten und zu hoffen, „da nichts zu hoffen war" (Röm 4,18), das ist die entscheidende Probe der biblischen Rechtfertigungslehre auf den Ernstfall. Am Verhalten gegenüber seinem Todesschicksal entscheidet es sich endgültig, worauf der Mensch im letzten vertraut, worauf er „sein Leben gründet: ob er es sich selbst schafft oder ob er es empfängt". Hier stellt sich noch einmal in letzter Zuspitzung die Vertrauensfrage, die uns in erster Zumutung mit dem Schöpfungsglauben begegnet. Worauf vertrauen wir, worauf kommt es uns im letzten an, was trägt uns noch und hält uns noch, wenn wir wie im Tod rein gar nichts mehr tun und leisten können und nur noch allein aus Gnade „ohne des Gesetzes Werke" empfangen können? Hier gelangt tatsächlich die Rechtfertigungslehre in die radikale Bewährung. Wo nichts mehr zu machen und zu hoffen ist, wo jedes Programm der Verifikation des Glaubens an irgendwelcher Welterfahrung ausgeschlossen ist, da bietet sich gegen jeden Augenschein die durchhaltende und durchtragende Liebe des Gottes an, dem wir unbedingt vertrauen dürfen. „Dennoch bleibe ich stets bei dir" wird zum zentralen Hoffnungssatz christlicher Existenz; „nichts kann uns scheiden von der Liebe Gottes, die in Christus Jesus ist, unserm Herrn" (Röm 8,39). Mehr braucht der Christ über den Tod und das ewige Leben nicht zu wissen. Alle unsere menschlichen Vorstellungen und Phantasien von einem ewigen Leben nach dem Tod in einer jenseitigen Welt sind demgegenüber sekundär. Wir dürfen sie uns gönnen, solange sie tröstend und veranschaulichend im Dienste der einzig gewissen christlichen Hoffnungsaussage stehen, welche lautet: *Der Gott der Liebe ist unser ewiges Leben, unser Jenseits, unsere aussichtsreiche Hoffnung!* Ich kann darauf vertrauen und hoffen, daß der Gott, dem ich mein Leben verdanke und schulde, sich auch gegen die totale Sinnlosigkeit des Todes behauptet und wider den Augenschein end-gültiges, ewiges Leben schenkt. Unser Leben als Geschenk auch im Tode – das ist unsere Hoffnung, weil oder wenn wir an den Gott glauben, der uns in Jesus Christus seine Liebe ereignet hat. Gott in Christus als Grund und Möglichkeit gerechtfertigter und hoffender Existenz! –

5. Didaktische Folgerungen

Ein Weg zur didaktischen Erschließung des Rechtfertigungssymbols ist durch die vorangegangenen Ausführungen schwerpunktmäßig vorgezeichnet. Er vollzieht sich im multiperspektivischen Konvergenzfeld von biblisch-theologischer Wahrheit, Schülererfahrungen und gesellschaftlicher Wirklichkeit. Thematisch könnte eine zu planende Unterrichtsreihe für eine 7./8. Klasse unter dem anstößigen Titel „Angenommen, Du bist angenommen – Rechtfertigung" bedacht werden. Die solchermaßen formulierte Thematik impliziert einige *didaktische Grundmaßgaben.* Einmal ist sie anthropologisch ausgerichtet, indem sie die Grunderfahrungen und -bedürfnisse der Annahme und Anerkennung zur leitenden didaktischen Perspektive macht. Nicht die historische Abhandlung der reformatorischen Rechtfertigungsbotschaft, nicht biblische Texte, nicht dogmatische Traditionen bestimmen hier den Unterricht; sie sind nicht ausgeschlossen, erfahren aber ihre Integration und Aktualisierung durch den maßgeblichen Dauerbezug auf das menschliche Fundamentalbedürfnis nach Anerkennung und Annahme. Theologisch ist damit zweitens im Sinne P. Tillichs der Akzent gelegt auf ein Verständnis von Rechtfertigung als „Annahme". Ohne auf deren Tiefendimension im Kreuz verzichten zu können, tritt gegenüber dem Annahmegedanken die kreuzestheologische Begründung und Ausformung der paulinischen Rechtfertigungslehre in den Hintergrund. Das kann und darf nicht Ausklammerung von Schulderfahrungen auf seiten der Schüler bedeuten, wohl aber den begründeten Verzicht auf ein Reden und Argumentieren unter der negativen Dominanz der Sündenperspektive. Gerade in der Phase der Pubertät, in der wir unseren Unterricht über das Rechtfertigungssymbol vorzugsweise plazieren würden, haben die Schüler ein elementares Bedürfnis nach neuem Angenommensein, nach einem Angenommensein so, wie sie sind. Hier brauchen sie zuallererst und vor allem Gottes „Ja, du bist mir recht" und ausdrücklich nicht Gottes „Nein, du bist nicht in Ordnung"! Das kommt auch dem „Gottesglauben" heutiger Jugendlicher entgegen, deren Anknüpfungspunkt „nicht mehr primär die Schulderfahrung des vor Gott und den Menschen sündig gewordenen Gewissens" ist, sondern „eine umfassende Hilfsbedürftigkeit, ein tiefes Verlangen nach Frieden und Geborgenheit, die Stützung des Selbstwertgefühls und die Ermutigung zum Leben überhaupt".[10] Der Ansatz beim Angenommen- und Anerkanntsein versucht diesem Befund zu entsprechen und auf diesem Weg den Jugendlichen das Verständnis für den Sinn der Rechtfertigungsbotschaft wenigstens annäherungsweise zu erschließen. Annäherung und kaum mehr ist schließlich angesagt mit der thematischen Eingangsfloskel „angenommen". Hier zielt der Religionsunterricht bewußt nicht auf Übernahme, sondern bescheidet sich voraussetzungs- und zielmäßig mit dem hypothetischen „angenommen". Weder wird auf seiten der Jugendlichen einfachhin christlicher Gottesglaube vorausgesetzt, noch gibt man sich der Illusion hin, ihn so einfach via Rechtfertigungsbotschaft religionsunterrichtlich erreichen zu können. Vielmehr bietet man ihnen die christliche Rechtfertigungsperspektive gleichsam probeweise an. Sie sollen sie richtiggehend ausprobie-

---

[10] K. E. NIPKOW, Erwachsenwerden – Gott verlieren?, S. 90.

ren und im „Streit um die Auslegung der Wirklichkeit" experimentierend mit der spezifisch christlichen Sicht, wie sie sich mit der radikal umwertenden Rechtfertigungsbotschaft anbietet, umgehen. „Setzt die neue Brille christlicher Annahme und Anerkennung auf", werden die Schüler aufgefordert, „und prüft, wie eure Lebenswirklichkeit durch diese Brille gesehen ausschaut!".

Angesichts des tatsächlich praktizierten Lebens der Schüler und der gesellschaftlichen Wertewirklichkeit wird dabei die Rechtfertigungsperspektive – wird sie nicht unangemessen domestiziert – zunächst kontrastierend und provozierend in Erscheinung treten. Sie wirkt und fungiert hier radicaliter als Kontrastsymbol und durchkreuzt die alltägliche Normalsicht. Das Skandalon des Kreuzes beweist sich in seiner umwertenden Infragestellung aller Werkgerechtigkeit und Leistungsideologie. Hier sollte der konkrete Unterricht keine Abstriche zulassen und keine Kompromisse eingehen, sondern darauf aus sein, die christliche Rechtfertigungssicht durchaus provokativ und anstößig in den Religionsunterricht einzubringen. Die angeführten Gleichnisse Jesu ebenso wie das entschiedene Plädoyer des Paulus gegen die „Gerechtigkeit aus des Gesetzes Werken" bieten in dieser Hinsicht das Material, aus dem sich bei einigem Geschick überraschende Empörung und provozierende Belichtung vermitteln und anzetteln läßt. Das ist die eine Seite, die didaktisch beachtet werden will. Allerdings wäre der Gehalt des Rechtfertigungssymbols einseitig verkürzt und unsachgemäß reduziert, würde man sich mit seiner Funktion als Kontrastsymbol begnügen. Nur kontrastierende Negation würde der im entscheidenden lebensdienlichen Potenz der christlichen Rechtfertigungsbotschaft nicht gerecht. Neben dem Kontrast bedarf es deshalb auch positiv der Anknüpfung an die menschlichen Grunderfahrungen und -bedürfnisse. Sie hat sich der Religionsunterricht didaktisch zunutze zu machen, damit über diesen Weg die Schüler bei ihrem probeweisen Umgang mit der christlichen Rechtfertigungsbotschaft auch etwas von der Lebenskraft dieses Symbols gewahr werden können. Insofern gehören Kontrast und Konvergenz, Widerspruch und Anknüpfung unlösbar zusammen und sollten bei jeder Unterrichtseinheit und Zielreflexion zur Rechtfertigung angemessen berücksichtigt werden, wobei im letzten und tiefsten der lebensförderliche Grundzuspruch gegenüber dem anstößigen Widerspruch dominieren müßte. Entsprechend sollte sich die Rechtfertigungssicht den Schülern durch die angebotene christliche Brille in lebens- und liebesvoller Belichtung darstellen und Aussichten auf gelingendes Leben gewähren.

In Konsequenz unserer theologischen Überlegungen und didaktischen Maßgaben ließe sich für die ins Auge gefaßte Unterrichtseinheit folgendes *Grobziel* formulieren: Die Schüler sollen im probeweisen Umgang mit der Rechtfertigungsbotschaft einer beachtenswerten Deutung und Belichtung eigener Erfahrungen und Lebenswirklichkeit gewahr werden. Diese pauschal abstrakte Zielsetzung könnte über vier interdependente Lernzielbereiche angegangen und erschlossen werden. Mit dem *ersten Lernziel* müßte nach dem oben Gesagten den Schülern bewußt gemacht werden, daß jeder Mensch auf Anerkennung angewiesen ist. Dazu wären die Jugendlichen auf ihre eigenen ganz persönlichen Erfahrungen im akuten Prozeß ihrer Identitätssuche anzusprechen und zum gesprächsweisen Nachdenken darüber anzuhalten, worin denn sie das „Anerkennungswerte" sehen, womit denn sie sich in ihrem Leben, in Schule und Bezugsgruppen Anerkennung zu verschaffen suchen. Je nach Schülervoraussetzungen dürften dabei sehr verschiedenartige Phänomene zur Sprache gebracht werden, was man zum Anlaß nehmen könnte, kritisch nach dem zu fragen, was unter uns allgemeine oder bleibende Anerkennung genießt und verleiht. Spätestens hier wird das Leistungsprinzip als dominierendes Gesetz unserer Leistungsgesellschaft ins Blickfeld geraten und wird deutlich, in welchem Maße die Anerkennungsvorstellungen und -erwartungen der Schüler gesellschaftlich bedingt sind. Deshalb empfiehlt es sich, die persönlichen Erfahrungen der Heranwachsenden gesellschaftskritisch auszuweiten und durch folgendes *zweite Lernziel* zu ergänzen: Die Schüler sollen die in unserer Konsum- und Leistungsgesellschaft herrschenden Anerkennungsprinzipien kritisch bedenken. Dabei spricht nicht nur die große gesellschaftliche Relevanz, sondern vor allem auch der bedeutsame didaktische Konvergenzgehalt dafür, sich schwerpunktmäßig auf die Problematik Anerkennung durch Leistung zu konzentrieren, wie in einschlägigen Unterrichtsentwürfen auch bereits häufiger geschehen.[11] „Leistest du was, so bist du was" kann hier zur

---

[11] Vgl. z. B. die Themenhefte des Evangelischen Erziehers (H. 5, 25/1973) und der Zeitschrift für die Praxis des Religionsunterrichts (H. 5, 9/1979).

didaktischen Kurzformel werden, an der sich die religionsunterrichtliche Auseinandersetzung mit dem allgegenwärtigen Leistungsprinzip festmachen und entzünden kann. An Beispielen
aus dem persönlichen und gesellschaftlichen Erfahrungsbereich
der Jugendlichen gilt es, sowohl die relative Berechtigung als auch
die Grenzen und Infragestellung üblichen Leistungsdenkens in
das Blickfeld zu rücken. Leistungsdruck und -zwang, Leistungs-
verweigerung und -versagen, Leistungsabfall und -ausfall werden
zu wichtigen Stichworten, die nicht nur kritische Arbeit herausfordern, sondern im Prozeß tiefergreifenden Fragens Transparen-
zen zur religiösen Dimension aufscheinen lassen, was unserem
religionsdidaktischen Verifikationsanliegen entgegenkommt
und ein unsachgemäßes Trennungsdenken von hier Schülererfahrungen und da Rechtfertigungsbotschaft ausschließt. Gerade
in ihrem Bemühen um Identität und Selbstfindung könnte den
Heranwachsenden auf diesem Weg die Problematik und Brüchigkeit einer verabsolutierten Leistungsideologie aufgehen und die
Frage geweckt werden, worin denn im letzten bleibende, identi-
tätsstiftende Anerkennung ihren tragenden Grund habe.

Damit sollte der Boden für die christliche Perspektivierung der
Problematik und das *dritte Lernziel* bereitet sein: Die Schüler
sollen an Leben und Verkündigung Jesu das christliche Angebot
der vorleistungslosen Anerkennung und Annahme durch Gott
wahrnehmen. Hier sind es bekanntermaßen die elementaren
Gleichnisse von den „Arbeitern im Weinberg" (Mt 20,1–16),
vom „Pharisäer und Zöllner" (Lk 18,9–14) oder auch vom „Verlorenen Sohn" (Lk 15,11–32), die im interpretierenden Verbund
mit Jesu Wirken und Verhalten beim Erreichen des Lernziels
berücksichtigt werden wollen. Konzentriert auf eines dieser
Gleichnisse empfiehlt sich in jedem Fall ein gründlich bedachter
narrativer Lernweg, der die überraschende und anstößige Sicht
der Gleichnisse gegen die Gefahr des längst Bekannten zu bewahren vermag. Das kann geschehen auf dem Weg über neu
konzipierte Rahmengeschichten, welche etwa die akute Frage-
stellung erzählend intonieren, oder über Verfremdungen der ak-
tualisiert umgesprochenen Gleichnisse. Bei allem methodisch
und didaktisch erwünschten Einfallsreichtum im Umgang mit
dem zur Behandlung im Unterricht ausgewählten Gleichnis
kommt es darauf an, daß den Schülern die radikal andere Sicht
christlich göttlicher Anerkennung ganz klar wird. Es muß ihnen

deutlich werden, daß nach christlicher Auffassung ihr Leben im letzten nicht in eigenen Leistungen gründet, sondern als vorleistungsloses Geschenk Gottes angenommen werden will: Gottes vorgängige Güte ist die Gerechtigkeit, die den Menschen unabhängig von dem, was er leistet und sich schon geleistet hat, vor Gott recht sein läßt.

Wenn die Schüler das – als Angebot oder Zumutung – verstanden haben, ist die Voraussetzung geschaffen, um im Streit um die Auslegung ihrer Lebenswirklichkeit das *vierte Lernziel* in Angriff nehmen zu können. Danach sollen die Schüler an konkreten Fällen aus ihrer Erfahrungswelt die christliche Rechtfertigungssicht auf ihre lebenspraktische Bedeutung hin bedenken, befragen und probeweise „durchspielen". Das soll unter mehr oder weniger hypothetischer Belichtung – „Angenommen, Du bist angenommen!" – erfolgen mittels vergleichender Kontrastierung und provozierender Konkurrenz zu den unter uns normaliter gültigen Anerkennungsmaßstäben der Macht, des Besitzes und der Leistung. Diese müssen sich besonders in der erbarmungslosen Konsequenz ihrer Verabsolutierung den kritischen Vorbehalt und die Infragestellung durch die liebesorientierte Kontrastsicht christlichen Glaubens gefallen lassen. Bei richtiger didaktischer Anlage wird das religionsunterrichtlich kaum ohne Ärger, Widerspruch und Protest abgehen, vor allem dann, wenn die Schüler merken, wie völlig sie mit ihrem gewöhnlichen Urteilen, Werten und Handeln in den Anerkennungsprinzipien der „Habenseite" gefangen sind. Das ist gut so und der Aufstand des „gesunden Menschenverstandes" gegen die störende Zumutung der christlichen Rechtfertigungssicht beweist deren religionsunterrichtlich „funktionierende" Salzeskraft und den Kreuzesgehalt ihrer Botschaft. Entsprechend unserer erklärten didaktischen Absicht möchte freilich das religionsunterrichtliche Angebot an die Schüler, sich auf die christliche Belichtung des Falles einzulassen, nicht bei Provokation und Empörung stehen bleiben, sondern will weiterführen und zum Nachdenken darüber anstiften, was denn die christlicherseits behauptete und angebotene Wert-Haltung eines jeden Menschen durch vorleistungsloses Entgegenkommen Gottes persönlich bedeuten und lebenspraktisch austragen könnte. Dabei könnte der lebensförderliche Gehalt von Rechtfertigungssicht und -symbol aufscheinen und gegen allen

Widerstreit der Blick frei werden auf das wahrhaft bedürfnisgerechte Angebot christlichen Glaubens.

„Machen" oder „Empfangen" – was bestimmt und trägt im letzten unser Leben und Sterben? „Welchen Symbolen können wir wirklich vertrauen? Welche Symbole erweisen sich am Ende als wahr, die Symbole des ‚Habens', der Macht, der Herrschaft, des Konsumismus oder die Symbole des ‚Seins', der Liebe, der Hoffnung, des Glaubens?"[12] Auf diese Auseinandersetzung, wie sie Peter Biehl für seine kritische Symbolkunde in Anschlag bringt, läuft auch unser Religionsunterricht zur Rechtfertigungsthematik hinaus. Er wird daran zu messen sein, inwiefern es ihm unter seinem propädeutischen und hypothetischen Vorbehalt gelingt, bei den Schülern den „Wahrnehmungshorizont für das Verständnis des Evangeliums" wenigstens ein Stück weit zu öffnen.[13]

---

[12] P. BIEHL, Symbole geben zu lernen, S. 176.

[13] Ebd. – Zur didaktischen Auseinandersetzung mit der Rechtfertigungsbotschaft vgl. K. WEGENAST, Der christliche Glaube als Lehre im Religionsunterricht, S. 265–273 (Literatur!) und als guten Überblick und kritische Anregung H. ANSELM, Die Rechtfertigungsbotschaft im Religionsunterricht der Sekundarstufe I.

VI. Religionsdidaktischer Epilog: Der trinitarische Gott

Unser Reden von Gott kann, will es christlich sein, den trinitarischen Gottesgedanken nicht auslassen. Er gehört auch in seiner abgeleiteten Form als „sekundäre Lehre" und „nachträgliches Dogma" fundamental zum christlichen Glauben.[1] Darüber besteht einhelliger ökumenisch-kirchlicher Konsens, und es verwundert deshalb nicht, wenn ein Systematiker wie Gerhard Sauter mit seiner primär theologisch bestimmten Argumentation wie selbstverständlich die elementare religionspädagogische Beschäftigung mit dem Bekenntnis zum dreieinigen Gott einfordert. Allerdings hat dieses Bekenntnis – so schränkt Sauter didaktisch ein – Anteil am „Geheimnis der Gegenwart und des Kommens Gottes, das vorsprachlich ist und außertheoretisch bleibt", und kann deshalb „sprachlich nur angezeigt", nur weitergesagt werden, „nicht aber sprachlich bewältigt" und im echten Sinn vermittelt werden.[2] Entsprechend dürfte hier – theologisch dominiert und gar theologisch autark – das ‚didaktische' Programm ausfallen. Ohne eine letzte Unvermittelbarkeit christlichen Glaubens leugnen zu können und zu wollen, kann das für eine Religionsdidaktik, wie wir sie verstehen, nicht bedeuten, der didaktisch zentralen Vermittlungsaufgabe ganz oder zu früh den Abschied zu geben. Zwar ist für eine genuin didaktische Analyse die Frage nach dem Fundamentalen unverzichtbar wichtig – Ebeling kann die Trinitätslehre als „Summar des christlichen Glaubens", als „alles umschließendes Symbol", als „christliches Einheitsband" qualifizieren[3] –, aber sie bedarf unter dem Blickwinkel der Lebensrelevanz ebenso unverzichtbar der relationie-

---

[1] G. EBELING, Dogmatik des christlichen Glaubens, Bd. 3, S. 543.

[2] G. SAUTER, Zur theologischen Revision religionspädagogischer Theorien, S. 137; vgl. R. LACHMANN, Die Trinitätslehre in religionsdidaktischer Sicht, S. 99 u. 111–117.

[3] G. EBELING, Dogmatik, S. 530 u. 534.

renden Reflexion der Schülerwirklichkeit. Konkret gefragt bedeutet das: Wo lassen sich in der geschichtlich, gesellschaftlich und natürlich bedingten Lebenswirklichkeit und Erfahrungswelt heutiger Schüler Zugänge, Zündstellen und Anknüpfungsmöglichkeiten für eine aussichtsreiche Behandlung des theologisch fundamentalen Symbols der Trinität im schulischen Religionsunterricht entdecken?

Wenn wir solchermaßen didaktisch nach dem trinitarischen Entdeckungszusammenhang fragen, ist zunächst zu entscheiden, über welche der drei „Personen" wir uns den Zugang zur Trinitätsthematik verschaffen wollen. Dem scheinbar naheliegenden Einsatz bei der Gotteslehre und dem Reden von Gott widerrät massiv die Tatsache, daß, wie gesehen, Gott heute keine unbefragbare Selbstverständlichkeit mehr ist. Beachten wir das, so bliebe als andere Möglichkeit religionsunterrichtlicher Auseinandersetzung mit der Trinität, in der Geschichte Jesu Christi, also betont christozentrisch, anzusetzen. Theologisch kommt diesem Ansatz sicher Priorität zu; denn „Jesus Christus als Offenbarung des lebendigen Gottes" in der Geschichte ist Schlüssel und entscheidende „Quelle trinitarischer Gotteserkenntnis".[4] Von Gottes Werk und Ereignung im Christusgeschehen her erschließt sich der dreieinige Gott sowohl nach seiner heilsökonomischen wie nach seiner innergöttlichen trinitarischen Seite. Dessen ungeachtet besteht bei diesem christozentrischen Ansatz die Gefahr, daß er sich zu stark christologischer Spekulation verschreibt oder sich mit seinen Überlegungen überwiegend in historischer Distanz bewegt. Bliebe als letzte Möglichkeit der pneumatologische Weg mit dem Einsatz beim Heiligen Geist. Didaktisch hat dieser Ansatz den großen Vorzug, daß wir von den gegenwärtigen Manifestationen und Erfahrungen des Geistes ausgehen können, um darüber zum trinitarischen Gottesbekenntnis zu gelangen. Wenn uns das gelänge, wäre dem didaktischen Erfordernis lebensrelevanter Erfahrungsorientierung, das wir oben anmahnten, entsprochen. Dabei stellt sich – gleichsam en passant – die grundsätzliche Frage, ob nicht im Grunde jede erfahrungsorientierte Religionspädagogik pneumatologisch begründet und angelegt sein müßte. Davon ausgehend könnte unsere religionsdidaktische Aufgabe lauten, über das Entdecken

---

[4] G. Ebeling, Dogmatik, S. 541 ff.

und Entschlüsseln von „Erfahrungen des Geistes in den Erfahrungen des Alltags" die Trinität pneumatologisch zu entziffern und zu buchstabieren.[5]

Begreifen wir unter dieser Perspektive den Heiligen Geist im bereits oben definierten Sinne als Geist des Lebens und der Liebe,[6] gewinnen wir die Möglichkeit, das trinitarische Bekenntnis von der lebendigen Dynamik der Liebe her zu erschließen und so der Gefahr spekulativer Erstarrung als reine Lehre zu entgehen. Damit befinden wir uns auch im Einklang mit wichtigen – katholischen wie evangelischen – Auslegungsversuchen unserer Zeit, wonach die Trinitätslehre letztendlich „nichts anderes sei als die konsequente Auslegung des Satzes ‚Gott ist die Liebe' ".[7] Entsprechend gibt Ebeling als entscheidende Intention der Trinitätslehre an: „Gott soll als der lebendige Gott gedacht werden", und er legt „das, was hier Leben heißt, als Liebe aus".[8] Demgemäß gilt es, in unserer Lebenswelt Erfahrungen geliebten Lebens und gelebter Liebe zu entdecken und sie gegebenenfalls als Realisierungen und Wirkungen des Geistes des Lebens und der Liebe zu entschlüsseln. Der Bezug auf den Geist Jesu Christi liefert dazu den Schlüssel; er läßt erkennen, daß die gegenwärtigen Geist-Erfahrungen aus Erfahrungen stammen, die vergangene Generationen mit Jesus von Nazareth gemacht haben. Mit seinem Leben, Sterben und Auferstehen ereignete dieser Jesus Gott, den er Vater nannte, als absolute voraussetzungslose Liebe. Wer Jesus begegnete, konnte diese Liebe, die gelingendes Leben bedeutete, erfahren und wer sie erfuhr, folgte ihm nach und mußte – gleichsam wie in einer Kettenreaktion – diese Liebe weitersagen und weitergeben. Die Kreuzigung Jesu durchkreuzte diese gelebte Liebe, und sein Tod dies Gott-geliebte Leben. Die Auferstehung ließ Liebe und Leben wiedererstehen, wieder aufleben als durchkreuzte Liebe und durchkreuztes Leben, die nicht am Kreuz liebloser und tödlicher Gegenerfahrungen vorbei zu haben sind, und bewahrheitet damit Jesu Liebesbotschaft und -ereignung als

---

[5] J. SCHULTE, Das Geheimnis der Trinität und die christliche Glaubenserfahrung, S. 435.

[6] Vgl. o. S. 22 f.

[7] W. KASPER, Jesus der Christus, S. 218; vgl. außerdem G. FUCHS, Gott ist Liebe.

[8] G. EBELING, Dogmatik, S. 540 f.

begründet und wurzelnd in Gott Vater, dem Urgrund allen Lebens, der „lautere Liebe" ist.[9] Dieses Gottes Leben-schaffender und -ermöglichender Schöpfergeist, der allen seinen Geschöpfen qua Lebensatem gegenwärtig ist, hat mit dem Tod nicht ausgehaucht, ist mit dem Tod nicht am Ende, sondern erweist sich – und das ist die Lebensbotschaft der Auferstehung – als lebensmächtig für alle, die heute und hier im Geiste Jesu vertrauen, lieben und hoffen. Wo wir solche Geistesgegenwart im gemeinsamen Leben, Loben und Lieben von Christen heute erfahren oder sie auch dort entdecken und als Zeichen des Geistes Gottes und seines Wirkens entschlüsseln, wo Menschen ihr Leben, Lieben und Hoffen nicht (ausdrücklich) von Christus her verstehen, da bekommen wir Zugang zu der trinitarischen Bewegung der Liebe: Sie wurzelt in der souveränen Liebe des Schöpfergottes, die als solche zwar vom Geliebtwerden unabhängig ist, zugleich aber als Liebe nicht anders kann, als aus sich herauszugehen, sich zu verschenken in und an die Geschöpfe als die freien Empfänger der schöpferischen Liebe Gottes. In Jesus Christus wurde sie zum raumzeitlich erfahrbaren Ereignis und erlösenden Angebot göttlicher Lebens- und Liebesbotschaft gegen den Augenschein geschöpflicher Todesverfallenheit, Lieblosigkeit und Hoffnungslosigkeit. Mit der Begeisterung durch den Heiligen Geist werden wir heute hineingenommen in diese Bewegung der Liebe und bekommen Anteil an ihren lebensvollen Wirkungen, verläßlichen Möglichkeiten und befreienden Hoffnungen. In diesem Sinne als „Bewegung des Lebens und der Liebe in Gott" verstanden, kann uns die Lehre von der Dreieinigkeit – oder, wenn es diesen Topos sprachlich gäbe, von der ‚Dreiliebigkeit' – dazu einladen, Erfahrungen „mit dem Leben, mit sich selbst und mit Gott zu machen" und so „im Spiegel eigener Lebensmöglichkeiten" und Liebeswiderfahrnisse Spuren und Zeichen des dreieinigen Gottes zu entdecken, dessen Wesen und Werk „Bewegung der Liebe" ist.[10]

Etwa ab der 8./9. Jahrgangsstufe wäre m. E. eine ausdrückliche und eigenständige religionsunterrichtliche Behandlung der Trinität vorstellbar und didaktisch verantwortbar. Sie müßte zwei sich ergänzende und wechselseitige Lernwege umfassen:

---

[9] G. EBELING, Dogmatik, S. 544.
[10] M. RIEBL, Der Glaube an den dreifaltigen Gott, S. 259.

Der *eine Lernweg* geht *pneumatologisch* aus von gegenwärtigen Erfahrungen der Liebe und des Lebens in der Welt- und Lebenswirklichkeit der Schüler. Dabei könnte man etwa mit Erfahrungen und Selbsterfahrungen gelungener Kommunikation unter Christen im Sinne liebender Hingabebeziehungen einsetzen oder – was ich vorziehen würde – mit Erfahrungen christlicher Liebesarbeit etwa an Schwerstbehinderten, wo Menschen tagtäglich gelebte Liebe praktizieren, indem sie (Gott) geliebtes Leben betreuen. Über die Frage, wes Geistes Kinder diese Menschen sind, führt der Weg zum Geist Jesu Christi, der viele dieser Menschen bei ihrer unsäglich schweren Arbeit leitet, motiviert, trägt, tröstet und stärkt. Dieser Geist Jesu verweist auf den Mann aus Nazareth, mit dem – wie uns die neutestamentlichen Schriften erzählen – die verschiedensten Menschen ihre „liebe-vollen" Gotteserfahrungen gemacht haben. In diesem Zusammenhang könnte exemplarisch die eine oder andere Begegnungsgeschichte aus den synoptischen Evangelien erzählt werden, in denen Menschen Jesus als Gott bzw. Gottes Sohn erfuhren. Unverzichtbar ist dabei die Auseinandersetzung mit dem Gleichnis vom verlorenen Sohn und unbedingt liebenden Vater, das Jesus nicht nur erzählte, sondern durch seine Person und sein Handeln – gleichsam als Gleichnis für das Gleichnis – auslegte und ereignete: Durch sein Reden, Handeln, Sterben und Auferstehen wurde er für die ersten „Christen" zur Ereignung Gottes, des liebenden Vaters. Dieser Gott aber ist kein anderer als der Gott, den uns das Alte Testament als den Schöpfer Himmels und der Erde, den Herrn allen Lebens und Geschehens bezeugt. Er ist in und mit seinem Lebens- und Liebesgeist Grund und Möglichkeit unseres Daseins. Daß wir daran durch Jesus Christus im Heiligen Geist heute partizipieren können, ist die trinitarische Frohbotschaft, die Christen veranlaßt, ihren Gottesdienst im Namen des Vaters und des Sohnes und des Heiligen Geistes zu feiern. Hier sollte auf diese traditionelle trinitarische Bekenntnisformel und ihren Sitz im Leben christlichen Gottesdienstes und christlicher Taufe eingegangen bzw. an sie erinnert werden, und die dogmatische Begrifflichkeit von Trinität, Trinitatis, Dreifaltigkeit und Dreieinigkeit (qua „Dreiliebigkeit") abgeklärt werden. Je nach Interesse und Leistungsvermögen einer Klasse könnte sich daran eine mehr oder weniger ausführliche Information über die kirchliche Trinitätslehre und ihre Entstehung anschließen. Sie müßte relativierend enden und einmünden in den trefflichen Text von Lothar Zenetti, der Petrus auf die „entscheidende Frage" Jesu, für wen ihn die Leute halten, mit der traditionellen Begrifflichkeit des trinitarischen und christologischen Dogmas der Kirche antworten läßt und dann folgendermaßen endet: „Er war ein bißchen außer Atem, der Simon Petrus, als er das gesagt hatte, aber es war ein großartiges Bekenntnis. Es schien ihm freilich, als ob Jesus ein wenig lächelte. Auf jeden Fall verbot er den Jüngern streng, dies irgend jemand zu sagen."[11]

Hieran unmittelbar anschließend würde der *zweite Lernweg* folgen, der stärker von der Einheit der drei göttlichen Personen her konzipiert ist. Er versucht das Trinitätsbekenntnis *symboldidaktisch* zu erschließen und nimmt seinen Ausgang bei symbolischen Darstellungen der Trinität. Dabei ist ein ganzheitlicher Zugang angestrebt, der das Symbol als über sich hinausweisende, die zuhandene Wirklichkeit des Faktischen und Dinglichen transzendierende Verdichtung menschlicher und geschichtlicher Erfahrungen zu erschließen und zu bewahrheiten sucht. Das kann nicht Auflösung des trinitarischen Geheimnischarakters in rationalistischer Aufklärung bedeuten, sondern zielt im Umgang mit dem Symbol auf existentielle Anteilgabe und Teilhabe an der Wirklichkeit, die das Symbol repräsentiert. Was die symbolische Darstellung der Trinität betrifft, so bietet die christliche Ikonographie eine Fülle an Symbolisierungsmöglichkeiten an: das gleichseitige Dreieck etwa, das häufig mit dem Christusmonogramm bekrönt ist, oder das aus drei Blättern geformte Kleeblatt, oder die drei zu einer Flamme vereinigten Kerzen, die in und mit ihrer aus Licht, Wärme und Bewegung bestehenden Feuerflamme die Trinität noch einmal – jetzt gleichsam innertrinitarisch – symbolisieren. Im primär meditativ angelegten Umgang sollten den Schülern diese Symbole als zeichenhaft verdichteter Ausdruck von Erfahrungen „einleuchten", die Menschen in dreifältiger Weise mit Gott und seiner ‚Liebesgeschichte', wie sie auf dem ersten Lernweg vorgestellt worden ist, gemacht haben. Nachteilig an diesen traditionellen Symbolen der Trinität ist ihre Statik, die es schwer macht, die Dreieinigkeit als göttliche ‚Dreiliebigkeit', als Bewegung des Lebens und der Liebe in Gott einleuchtend werden zu lassen. Ich würde deshalb versuchen,

---

[11] Nach S. BERG/H. K. BERG (Hrsg.), Jesus, S. 24.

den Schülern über das Symbol des Baumes einen Zugang zum Trinitätsbekenntnis zu eröffnen. Als Baum des Lebens, als Bild für den Glauben(den) und Gleichnis für das Reich Gottes ist das Baumsymbol aus der biblischen Tradition bekannt und besitzt darin ein nicht geringes Maß an Konvergenzgehalt mit dem *Baum* als Symbol der Trinität. In seinen tief gegründeten *Wurzeln* kann ich glaubend den Vater- und Schöpfergott als Grund und Möglichkeit meines Lebens, in dem daraus erwachsenen *Stamm* die durch den Sohn Jesus Christus raumzeitlich ereignete und bewahrheitete Liebe Gottes und in den *Zweigen und Blättern* die Wirkungen des Heiligen Geistes als Liebes- und Lebenserfahrungen im Hier und Heute entdecken, die sich in der *Krone des Baumes* auswachsen und verbinden zur Hoffnung auf die Vollendung im Reich Gottes, in dem der dreieinige Gott alles in allem sein wird. Schülern, die den ersten Lernweg aufmerksam und engagiert mitgegangen sind, dürfte es nicht schwer fallen, im Bild des Baumes die Lebens- und Liebesbewegung des trinitarischen Gottes symbolisiert zu sehen.

Literatur

ADAM, GOTTFRIED/LACHMANN, RAINER, Was ist Gemeindepädagogik? In: DIES. (Hrsg.), Gemeindepädagogisches Kompendium. Göttingen 1987, S. 13–54.

ANSELM, HELMUT, Die Rechtfertigungsbotschaft im Religionsunterricht der Sekundarstufe I. In: Arbeitshilfe für den evangelischen Religionsunterricht an Gymnasien F. II/90 (Erlangen), S. 3–28.

BARGHEER, FRIEDRICH W., Religiöse Familienerziehung. In: Pastoraltheologie 58/1969, S. 384–396 u. S. 453–465.

Die Bekenntnisschriften der evangelisch-lutherischen Kirche. Göttingen
⁵1963.

BERG, SIGRID/BERG, HORST KLAUS (Hrsg.), Jesus. Anfragen und Bekenntnisse. München/Stuttgart 1987.

BERGER, PETER L., Auf den Spuren der Engel. Frankfurt a. M. ³1975.

BIEHL, PETER, Zur Aufgabe eines verantwortlichen Redens von Gott im Religionsunterricht. In: ESSER, W. G. (Hrsg.), Die religionspädagogische Grundfrage nach Gott. Freiburg u. a. 1969, S. 150–170.

DERS., Symbole geben zu lernen. Neukirchen-Vluyn 1989.

BLANKERTZ, HERWIG, Theorien und Modelle der Didaktik. München
⁹1975.

BROCKMANN, GERHARD/STOODT, DIETER, Sünde. Frankfurt a. M.
1981.

BUESS, EDUARD, Art. Symbol. In: RGG³ Bd. 6. Tübingen 1962, Sp.
540 f.

BULTMANN, RUDOLF, Die Krisis des Glaubens. In: DERS., Glauben und Verstehen II. Tübingen ⁴1965, S. 1–29.

DAIBER, KARL-FRITZ, Die Zukunft der Volkskirche. In: Lebendige Seelsorge 37/1986, S. 192–200.

EBELING, GERHARD, Wort und Glaube, Bd. 2. Tübingen 1969.

DERS., Dogmatik des christlichen Glaubens, Bd. 3. Tübingen 1979.

ENGLERT, RUDOLF, Glaubensgeschichte und Bildungsprozeß. München 1985.

Evangelischer Erwachsenenkatechismus s. JENTSCH (Hrsg.)

FAILING, WOLF ECKART, Religiöse Sozialisation des Kleinkindes. In: ZILLESSEN, D. (Hrsg.), Religionspädagogisches Werkbuch. Frankfurt a. M. 1972, S. 42–49.

FEIGE, ANDREAS, Kirche, Religion und Werte. In: AFFOLDERBACH, M. (Hrsg.), Was glauben Jugendliche eigentlich? Stuttgart 1986, S. 79–115.

FRAAS, HANS-JÜRGEN, Religiöse Erziehung und Sozialisation im Kindesalter. Göttingen 1973.

DERS., Die Religiosität des Menschen. Göttingen 1990.

FUCHS, GOTTHARD, Gott ist Liebe. In: Religionsunterricht an höheren Schulen 24/1981, S. 1–15.

GRASS, HANS, Christliche Glaubenslehre II. Stuttgart u. a. 1974.

GREWEL, HANS, Christentum – was ist das? Stuttgart/Berlin 1980.

HUBERT, HANS, Religiöse Früherziehung. München 1978.

JENTSCH, WERNER u. a. (Hrsg.), Evangelischer Erwachsenenkatechismus. Gütersloh ³1977.

KAISER, OTTO, Einleitung in das Alte Testament. Gütersloh ⁵1984.

KASPER, WALTER, Jesus der Christus. Mainz ³1975.

KLAFKI, WOLFGANG, Studien zur Bildungstheorie und Didaktik. Weinheim ¹⁹1970.

KRUHÖFFER, GERALD, Grundlinien des Glaubens. Göttingen 1989.

KÜNG, HANS, Christ sein. München/Zürich 1974.

LACHMANN, RAINER, Der Religionsunterricht Christian Gotthilf Salzmanns. Bern/Frankfurt a. M. 1974.

DERS., Die Trinitätslehre in religionsdidaktischer Sicht. In: SCHWARZ, H. (Hrsg.), Glaube und Denken. Jahrbuch der Karl-Heim-Gesellschaft 1/1988, S. 99–118.

DERS., Gebote als Evangelium unterrichten und verkündigen? In: Pastoraltheologie 78/1989, S. 535–543.

DERS., Art. Kind. In: TRE Bd. XVIII. Berlin/New York 1989, S. 156–176.

LØGSTRUP, KNUD E., Die ethische Forderung. Tübingen 1959.

LOHFF, WENZEL, Glaubenslehre und Erziehung. Göttingen 1974.

MAY, HANS, Religion im Kinderzimmer. Frankfurt a. M. 1974.

MENCK, PETER, Die Pädagogik August Hermann Franckes. Wuppertal 1969.

MEZGER, MANFRED, Mit Schülern von Gott reden – was heißt das? In: Theologia Practica 3/1968, S. 156–163.

NEIDHART, WALTER/OTT, HEINRICH, Krone der Schöpfung? Stuttgart 1977.

NIPKOW, KARL ERNST, Erwachsenwerden – Gott verlieren? In: Religion heute 2/1986, S. 88–90.

PANNENBERG, WOLFHART, Das Glaubensbekenntnis. Gütersloh ³1979.

PÖHLMANN, HANS GEORG, Abriß der Dogmatik. Gütersloh ³1980.

REENTS, CHRISTINE, Was wird aus dem Kinderglauben? Gütersloh 1987.

RIEBL, MARIA, Der Glaube an den dreifaltigen Gott – Ereignis des Lebens. In: Christlich Pädagogische Blätter 100/1987, S. 257–259.

SALZMANN, CHRISTIAN GOTTHILF, Carl von Carlsberg oder Über das menschliche Elend, 3. Theil. Leipzig ²1785.

SAUTER, GERHARD, Zur theologischen Revision religionspädagogischer Theorien. In: Evangelische Theologie 46/1986, S. 127–148.

SCHILLEBEECKX, EDWARD, Glaubensinterpretation. Mainz 1971.

SCHMIDT, WERNER H., Alttestamentlicher Glaube in seiner Geschichte. Neukirchen-Vluyn 1968.

DERS., Einführung in das Alte Testament. Berlin/New York ⁴1989.

SCHULTE, JOSEF, Das Geheimnis der Trinität und die christliche Glaubenserfahrung. In: Katechetische Blätter 106/1981, S. 425–436.

SCHULTZE, HERBERT (Hrsg.), Martin Luther. Grundtexte christlichen Glaubens. Göttingen 1982.

SCHWEITZER, FRIEDRICH, Lebensgeschichte und Religion. München 1987.

TSCHIRCH, REINMAR, Gott für Kinder. Gütersloh ⁶1978.

WEGENAST, KLAUS, Der christliche Glaube als Lehre im Religionsunterricht. In: ADAM, G./LACHMANN, R. (Hrsg.), Religionspädagogisches Kompendium. Göttingen ³1990, S. 224–273.

ZAHRNT, HEINZ, Gott kann nicht sterben. München 1970.

DERS., Wozu ist das Christentum gut? München 1972.

DERS., Warum ich glaube. München 1977.

Biblisch-theologische Schwerpunkte ⸺

Band 1: Gerald Kruhöffer · Grundlinien des Glaubens

Ein biblisch-theologischer Leitfaden. 1989. 326 Seiten, kart. ISBN 3-525-61282-6
Ein Grundlagenwerk zu zentralen Fragen des christlichen Glaubens: Frage nach
Gott; Schöpfung; Sünde und Leid; Jesus von Nazareth; Kreuz und Auferstehung;
Heiliger Geist; Kirche; christliche Hoffnung.

Band 2: Gisela Kittel · Der Name über alle Namen I

Biblische Theologie/AT. 1989. 227 Seiten mit 3 Abb., kart. ISBN 3-525-61283-4

Band 3: Gisela Kittel · Der Name über alle Namen II

Biblische Theologie/NT. 1990. 243 Seiten, kart. ISBN 3-525-61284-2
In zwei Bänden führt dieser Gesamtentwurf Biblischer Theologie von den Auszugs-
erfahrungen Israels zu den Ostererfahrungen der Jünger Jesu. Er weist den sachli-
chen Zusammenhang auf, der zwischen alt- und neutestamentlicher Gottesoffenbarung, zwischen alt- und neutestamentlichem Glauben besteht.

Band 4: Gottfried Voigt · Gemeinsam glauben, hoffen, lieben

Paulus an die Korinther I. 1989. 167 Seiten, kart. ISBN 3-525-61285-0

Band 5: Gottfried Voigt · Die Kraft des Schwachen

Paulus an die Korinther II. 1990. 134 Seiten, kart. ISBN 3-525-61286-9
Ein anschauliche, gemeindenahe Auslegung der Korintherbriefe, in denen sich Paulus mit den theologischen und ethischen Problemen einer frühchristlichen Gemeinde in einer konfliktreichen Hafenstadt auseinandersetzt.

Band 6: Gottfried Voigt · Licht – Liebe – Leben

Das Evangelium nach Johannes. 1991. 296 Seiten, kart. ISBN 3-525-61287-7
Das Vierte Evangelium hat in seiner Eigenwilligkeit und Tiefgründigkeit die Geister
immer wieder angezogen und bewegt, und auch der Forschung ständig neue Rätsel
aufgeben. Hier wird es anschaulich und lebendig ausgelegt. Gottfried Voigt sieht im
Johannesevangelium den Niederschlag gemeindlicher und missionarischer Verkündigung, in der die Christuserfahrung des Augenzeugen meditativ eingebunden ist.

Band 7: Rainer Lachmann
Grundsymbole christlichen Glaubens

Eine Annäherung. 1992. 117 Seiten, kart. ISBN 3-525-61288-5

Band 8: Hermann Mahnke · Lesen und verstehen I

Die biblische Botschaft im Überblick/Altes Testament. 1992. Ca. 296 Seiten, kart.
ISBN 3-525-61289-3

Band 9: Hermann Mahnke · Lesen und verstehen II

Die biblische Botschaft im Überblick/Neues Testament. 1992. Ca. 288 Seiten, kart.
ISBN 3-525-61290-7
Beide Bände bieten einen Überblick über biblische Bücher und Epochen des Alten
und Neuen Testaments, mit dessen Hilfe sich viele Einzeltexte besser verstehen
lassen.

Vandenhoeck & Ruprecht · Göttingen/Zürich

Gottfried Adam/Rainer Lachmann (Hg.)
Gemeindepädagogisches Kompendium
1987. 451 Seiten, kartoniert. ISBN 3-525-60379-7
Neben Fragen der gemeindepädagogischen Grundlegung geht es um die Didaktik
konkreter Handlungsfelder im Blick auf die religiöse Erziehung in Familie und Kindergarten, um Kindergottesdienst, Konfirmandenunterricht, kirchliche Jugendar-
beit, Erwachsenenbildung und Altenarbeit.

Gottfried Adam/Rainer Lachmann (Hg.)
Religionspädagogisches Kompendium
Ein Leitfaden für Lehramtsstudenten. 3. Auflage 1990. 356 Seiten mit zahlreichen
Tabellen und Schaubildern, kartoniert. ISBN 3-525-61250-8
In den Beiträgen geht es um Basiswissen im Blick auf Verständnis und Aufgaben religionsunterrichtlicher Fachdidaktik, religionspädagogische Konzeptionen des 20.
Jahrhunderts, Begründungen des schulischen Religionsunterrichts, religiöse Erziehung und Sozialisation des Schülers, Beruf und Rolle des Religionslehrers, Lehrplä-
ne sowie Wege der Unterrichtsvorbereitung. An zentralen biblischen, kirchenge-
schichtlichen, dogmatischen, ethischen und religionswissenschaftlichen Inhalten
wird der Prozeß der fachdidaktischen Umsetzung konkret vorgeführt.

Hans Freudenberg/Klaus Goßmann
Sachwissen Religion
Ein Begleit- und Arbeitsbuch für den Religionsunterricht in der Sekundarstufe II
und für die Erwachsenenbildung. Mit einem Beitrag von Karl Friedrich Haag.
3., durchges. Aufl. 1991. 288 Seiten mit 25 Abbildungen und 9 Karten, kartoniert.
ISBN 3-525-61267-2
»Sachwissen Religion« stellt in elf Kapiteln systematisch-theologisches Grundlagen-
und Überblickswissen für den Religionsunterricht in der Sekundarstufe II und für
die evangelische Erwachsenenbildung bereit. Ein Lexikonteil am Schluß des Bandes
erläutert mit 721 Stichwörtern die Fachterminologie über den rein lexikalischen Befund hinaus.

Ursula Früchtel
Mit der Bibel Symbole entdecken
In Verbindung mit Hans-Werner Büscher. 1991. 573 Seiten und 40 Seiten Textblätter,
14 Graphiken, kartoniert. ISBN 3-525-61106-4
Wieviel Symbolik ist in biblischen Texten enthalten? Die Symbole sind wie ein
Schlüssel zur Erhellung unserer Wirklichkeit als auch zur Erschließung biblischer
Überlieferung. Biblische Symbole geben der Rede von Gott und den Menschen ihr
unverwechselbares Profil.
Folgende Symbole werden erschlossen: Mangel / Leere und Fülle; Licht und Finster-
nis; Höhe und Tiefe; Stern; Fuß / Hand / Auge / Ohr / Mund / Rücken / Angesicht
/ Herz; Weg; Feuer; Brunnen / Haus / Garten; Weinberg und Weinstock; Kleid /
Mantel / Gewand; Brot; Schiff.

Vandenhoeck & Ruprecht · Göttingen/Zürich